U0362314

20 世纪上半叶
自华赴美的俄国侨民

［俄］伊戈尔·波兹尼亚科夫（Игорь Поздняков） 著

黄明拓　译　　阎国栋　审订

南开大学出版社

天　津

图书在版编目(CIP)数据

20世纪上半叶自华赴美的俄国侨民 /（俄罗斯）伊戈尔·波兹尼亚科夫著；黄明拓译. —天津：南开大学出版社,2023.4（2023.9重印）
ISBN 978-7-310-06394-9

Ⅰ.①2… Ⅱ.①伊… ②黄… Ⅲ.①俄罗斯人－侨民－史料－美国－20世纪 Ⅳ.①D751.237

中国版本图书馆 CIP 数据核字（2022）第 255796 号

20 世纪上半叶自华赴美的俄国侨民
ERSHI SHIJI SHANGBANYE ZI HUA FU MEI DE EGUO QIAOMIN

南开大学出版社出版发行
出版人：陈　敬

地址：天津市南开区卫津路 94 号　　邮政编码：300071
营销部电话：(022)23508339　营销部传真：(022)23508542
https://nkup.nankai.edu.cn

天津创先河普业印刷有限公司印刷　全国各地新华书店经销
2023 年 4 月第 1 版　　2023 年 9 月第 2 次印刷
230×155 毫米　16 开本　17.25 印张　9 插页　151 千字
定价：95.00 元

如遇图书印装质量问题,请与本社营销部联系调换,电话:(022)23508339

Приложение 1

ПРОШЕНИЯ О ВЫЕЗДНЫХ ВИЗАХ

APPLICATION FORM
опросный листъ.

Name in full Александра Константиновна Вдовскова
Имя, отчество, фамилія (если таможный меняли, то означить помънить все)

Nationality Русская
Національность

Date of Birth 1909
Точное время рожденія

Place of Birth гр. Воолыскъ
Точное мѣсто рожденія

Occupation
Родъ занятій

No. of Document 183 30 Issued at Date 13/VI 27
№ документа Выданъ въ Когда

Family (Name and Age)
Семейное положеніе (толость или женатъ, имѣются, дѣти или равмеженные, если есть дѣти, то имя именъ и возрасть).

Where From and When Arrived Владаро
Откуда прибылъ въ Шанхай и когда

Destination Франція
Куда назначаеть

Object of Present Journey Дара
Цѣль поѣзди

Name of Ship and Date of Departure
Названіе парохода и время отъѣзда

I hereby declare that the foregoing Statements are true and that I have not withheld any facts likely to prejudice my application for a Chinese passport or visa.

Я настоящимъ заявляю что предоставленныя свѣдѣнія вѣрны и что я не утаилъ никакихъ фактовъ которые могли бы препятствовать въ моей просьбѣ о полученіи китайскаго —————паспорта/визы.

Signature: Вдовскова
Подпись

Address: 12 34. de rue, ap. 12.
Адресъ

Date——————the——year of The Republic of China 193——
Шанхай——————года Республики Китая (193——

APPLICATION FORM
опросный листъ.

Name in full Мисс Майя Весконіь
Имя, отчество, фамилія (если таможный меняли, то означить помънить все)

Nationality Гелман Подданный
Національность

Date of Birth April 2nd 1915
Точное время рожденія

Place of Birth Весовскаго Пичманъ
Точное мѣсто рожденія

Occupation Нет Типот
Родъ занятій

No. of Document 16408 Issued at Date
№ документа Выданъ въ Когда

Family (Name and Age)
Семейное положеніе (толость или женатъ, имѣются, дѣти или равмеженные, если есть дѣти, то имя именъ и возрасть).

Where From and When Arrived
Откуда прибылъ въ Шанхай и когда

Destination Нью-Йоръ
Куда назначаеть

Object of Present Journey Metckay
Цѣль поѣзди

Name of Ship and Date of Departure.
Названіе парохода

I hereby declare that the foregoing Statements are true and that I have not withheld any facts likely to prejudice my application for a Chinese passport or visa.

Я настоящимъ заявляю что предоставленныя свѣдѣнія вѣрны и что я не утаилъ никакихъ фактовъ которые могли бы препятствовать въ моей просьбѣ о полученіи китайскаго—————паспорта/визы.

Signature: Весконіь
Подпись

Address: Peter Marshall Co
2. Peking Rd.
Адресъ

Date——————the——year of The Republic of China 193——
Шанхай——————года Республики Китая (193——

自华赴美俄国侨民档案 （一）

自华赴美俄国侨民档案（二）

APPLICATION FORM
ОПРОСНЫЙ ЛИСТЪ

Name in full / Имя, отчество, фамилія (если таковыя извѣстны, сказать измѣненныя): Евгеній Сергѣевичъ Гаврилова

Nationality / Національность: Ураженецъ

Date of Birth / Точное время рожденія: 4/XII/1909

Place of Birth / Точное мѣсто рожденія: Владивостокъ

Occupation / Родъ занятій:

No. of Document / № документа: 12699 **Issued at** / Выданъ въ: Маиковъ **Date** / Когда: 9/IV/37 в Отвага

Family (Name and Age) / Семейное положеніе (холостъ или женатъ, вдовъ или разъведенецъ; если есть дѣти, то ихъ имена и возрастъ):

Where From and When Arrived / Откуда прибылъ, въ Шанхай и когда:

Destination / Куда выѣзжаетъ: Japan Интине

Object of Present Journey / Цѣль поѣздки:

Name of Ship and Date of Departure / Названіе парохода и время отъѣзда:

I hereby declare that the foregoing Statements are true and that I have not withheld any facts likely to prejudice my application for a Chinese passport or visa.

Я настоящимъ заявляю что предшествующія свѣдѣнія вѣрны и что я не утаилъ какихъ либо фактовъ которые могли бы препятствовать въ моей просьбѣ о полученіи китайскаго .... паспорта/визы.

за С Гавриловъ

Address / Адресъ: 98 R.M. Tullet ap.8

JUL 12 1937 ....the............ year of The Republic of China 193...... ....год. Республики Китая (193......

APPLICATION FORM
ОПРОСНЫЙ ЛИСТЪ

Name in full / Имя, отчество, фамилія (если таковыя извѣстны, сказать измѣненныя): Ivan Vasilievich Gleroff

Nationality / Національность: Victoria Emigrant

Date of Birth / Точное время рожденія: 20th January 1889

Place of Birth / Точное мѣсто рожденія: Saratov on Volga (Russia)

Occupation / Родъ занятій: Architect of Civil Engineer

No. of Document / № документа: 3214 **Issued at** Shanghai **Date** 9/V/33 в Выданъ

Family (Name and Age) / Семейное положеніе: Wife, Mrs A.A. Gleroff & Son Vadim Ayrano

Where From and When Arrived / Откуда прибылъ, въ Шанхай и когда: from Russia in 1919

Destination / Куда выѣзжаетъ: Hong Kong

Object of Present Journey / Цѣль поѣздки: employed by an British Company

Name of Ship and Date of Departure / Названіе парохода и время отъѣзда:

......going State............ withheld any .... cation for ....

арестуютъ .... какіе либо .... въ моей .... испорта/визы.

I Gleroff

Address / Адресъ: 124/2 Roat Ruta Truc French Concession

Date / ....the............ year of The Republic of China 193...... Число: ....год. Республики Китая (193......

APPLICATION FORM
ОПРОСНЫЙ ЛИСТЪ.

Name in full — Nicolai Ivan Krikorianz
Имя, отчество, фамилія (если таковыхъ имѣются, то слѣдуетъ помѣщать всѣ)

Nationality — RUSSIAN
Національность

Date of Birth — 29ᵗʰ JANUARY 1904
Точное время рожденія

Place of Birth — OMSK SIBERIA
Точное мѣсто рожденія

Occupation — MANAGER OF COLUMBIA GR. WESTERN Radio ACCORD
Родъ занятій

No. of Document — _____ Issued at _____ Date _____
№ документа — Выдан въ — Когда

Family (Name and Age) — SINGLE
Семейное положеніе (холостъ или женатъ, вдова или разведенная; если есть дѣти, то ихъ имена и возрастъ).

Where From and When Arrived — ADIREEN Hong Kong
Откуда прибылъ въ Шанхай и когда

Destination — ADIREEN HALYDAY
Куда выѣзжаетъ

Object of Present Journey — _____
Цѣль поѣздки

Name of Ship and Date of Departure — _____
Названіе парохода и время отъѣзда

I hereby declare that the foregoing Statements are true and that I have not withheld any facts likely to prejudice my application for a Chinese passport or visa.

Я настоящимъ заявляю что предъставленныя свѣдѣнія вѣрны и что я не утаилъ какихъ либо фактовъ которые могли бы предотвратить въ моей просьбѣ о полученіи китайск.—паспорта/визы.

Signature: _____
Подпись

Address: 970, Gr. Western Rd.
Адресъ

Date _____ the _____ year of The Republic of China 193__)
Шанхай _____ года Республика _____ Китая (193__

APPLICATION FORM
ОПРОСНЫЙ ЛИСТЪ.

Name in full — Victor Fedorovich Kochetoy (and wife)
Имя, отчество, фамилія (если таковыхъ имѣются, то слѣдуетъ помѣщать всѣ)

Nationality — former Russian
Національность

Date of Birth — 14/3/1902
Точное время рожденія

Place of Birth — Khabarovsk - Russia
Точное мѣсто рожденія

Occupation — Police officer S.M.C.
Родъ занятій

No. of Document — Issued at Shanghai Date 17.7.30
№ документа — Выдан въ — Когда

Family (Name and Age) — wife Natalia Vladimirovna Kochetoy née Khabarovsk Russia 1905
Семейное положеніе (холостъ или женатъ, вдова или разведенная; если есть дѣти, то ихъ имена и возрастъ).

Where From and When Arrived — Vladivostok Russia Dec. 1920
Откуда прибылъ въ Шанхай и когда

Destination — Japan U.S.A Europe (Czechoslovakia)
Куда выѣзжаетъ

Object of Present Journey — long leave
Цѣль поѣздки

Name of Ship and Date of Departure — _____
Названіе парохода и время отъѣзда

24 JULY 1931

I hereby declare that the foregoing Statements are true and that I have not withheld any facts likely to prejudice my application for a Chinese passport or visa.

Я настоящимъ заявляю что предъставленныя свѣдѣнія вѣрны и что я не утаилъ какихъ либо фактовъ которые могли бы предотвратить въ моей просьбѣ о полученіи китайск.—паспорта/визы.

Signature: Kochetoy
Подпись

Address: 195/6 Seymour Rd
Адресъ

Date _____ the 12.7.35 year of The Republic of China (193__)
Шанхай _____ года Республика _____ Китая (193__

自华赴美俄国侨民档案（三）

APPLICATION FORM

ОПРОСНЫЙ ЛИСТЪ.

Name in full — Oleg Vhanchin Ouyk
Имя, отчество, фамилія (если таковыхъ имѣлось, то сатдуть примѣнить всѣ)

Nationality — Russian
Національность

Date of Birth — 21 Octombri 1903г
Точное время рожденія

Place of Birth — Nerchinsk Zabarkalez uy
Точное мѣсто рожденія — Bytold Spare

Occupation
Родъ занятій

No. of Document — ВОО   **Issued at** — Date
№ документа   Выданъ въ   Когда

Family (Name and Age) — Zacerarada, Olena Viscard Khwa
Семейное положеніе (холость или женатъ, дѣтей и проч.)

Where From and When Arrived — Vladivostok Korea
Откуда прибылъ въ Шанхай и когда

Destination — Kommer kolinkaf
Куда выѣзжаетъ

Object of Present Journey — Shangtai Sapin 23/07
Цѣль поѣздки

Name of Ship
Названіе парохода

I hereby declare that the foregoing State-
ments are true and that I have not withheld any
facts likely to prejudice my application for a
Chinese passport or visa.

Я иностранецъ, заявляю что предшествующія
свѣдѣнія вѣрны и что я не утаилъ какихъ либо
фактовъ которые могли бы предоставлять къ моей
просьбѣ о полученіи китайск——————паспорта/лизы.

Signature: Bfoort
Подпись

Address: 1202 Av. Joffre Ap43
Адресъ

Date: 15/07   JUL 15 1937   the_____year of The Republic of China 193 7.
Шанхай_____гид. Республика   Катай   (193_____)

APPLICATION FORM

ОПРОСНЫЙ ЛИСТЪ.

F. 8

Name in full — Maivina Ksenicn Sarin
Имя, отчество, фамилія (если таковыхъ имѣлось, то сатдуть примѣнить всѣ)

Nationality — Rome Europ
Національность — 28 anni gray

Date of Birth — Peru praptri : 1
Точное время рожденія

Place of Birth
Точное мѣсто рожденія

Occupation
Родъ занятій

No. of Document — 1851   **Issued at** — Shanghai   **Date** — 1936
№ документа   Выданъ въ — Morriot   Когда

Family (Name and Age)
Семейное положеніе (холость или женатъ, дѣтей и проч.)

Where From and When Arrived — Resident of Shanghai
Откуда прибылъ въ Шанхай и когда — Siam na Suatow

Destination
Куда выѣзжаетъ — Björn Suotoul

Object of Present Journey
Цѣль поѣздки

Name of Ship and Date
Названіе парохода и время о

I hereby declare that the foregoing State-
are true and that I have not withheld/any
likely to prejudice my application for a
e passport or visa.

Я настоящимъ заявляю что предшествующія
——————вѣрны и что я не утаилъ какихъ либо
——————которые могли бы предоставлять къ моей
——————о полученіи китайск——————паспорта/лизы.

20 JULY 1937

Signature: N. Sarin,
Подпись

Address: 455/106 Rue Lafayette
Адресъ

Date:_____the_____year of The Republic of China 193——)
Шанхай_____гид.   Республика   Катай   (193——)

Name in full: *Nicolai Nicolaievich Nicoloff*
Имя, отчество, фамилія (если таковыхъ имѣются, то слѣдуетъ помѣщать всѣ)

Nationality: *Russian*
Національность

Date of Birth: *31-20 December 19...*
Точное время рожденія

Place of Birth: *Corey, Riza, Corbido*
Точное мѣсто рожденія

Occupation: *Mupranuesacoot*
Родъ занятій

No. of Document: *1364* Issued at: *Shanghai* Date: *3/21/36*
№ документа Выдань въ Когда

Family (Name and Age): *Bachelor*
Семейное положеніе (годность или жениться, замужняя, вдова или разведенные; если есть дѣти, то ихъ имена и возрасть)

Where From and When Arrived: *Us Harbin... b. ... 1930*
Откуда прибыль въ Шанхай и когда

Destination: *Manila Philippine islands*
Куда выѣзжаетъ

Object of Present Journey: *Own coust*
Цѣль поѣздки

Name of Ship and Date of Departure:
Имя пакаша

I hereby declare that the foregoing Statements are true and that I have not withheld any facts likely to prejudice my application for a Chinese passport or visa.

Я заявляю, что предшествующія свѣдѣнія вѣрны и что я не утаиль какихъ либо фактовъ, которые могли бы предрасположить въ моей просьбѣ о полученіи китайскаго .....паспорта/ризы.

Signature: *N. Nicoloff*
Подпись.

Address: *113, Route Tellier*
Адресъ

Date: JUL 19 1937 the .... year of The Republic of China 193....

Name in full: *Alexander A. Nebrashoff*
Имя, отчество, фамилія (если таковыхъ имѣются, то слѣдуетъ помѣщать всѣ)

Nationality: *Russian emigrante*
Національность

Date of Birth: *8th April 1899*
Точное время рожденія

Place of Birth: *Yenor*
Точное мѣсто рожденія

Occupation: *Artist*
Родъ занятій

No. of Document: *1210* Issued at: Date:
№ документа Выдань въ Когда

Family (Name and Age): *Bachelor*
Семейное положеніе (годность или жениться, замужняя, вдова или разведенные; если есть дѣти, то ихъ имена и возрасть)

Where From and When Arrived: *From Manchuria 1924*
Откуда прибыль въ Шанхай и когда

Destination: *Korea*
Куда выѣзжаетъ

Object of Present Journey: *Summer vacations*
Цѣль поѣздки

Name of Ship and Date of Departure:
Имя пакаша

I hereby declare that the foregoing Statements are true and that I have not withheld any facts likely to prejudice any application for a Chinese passport or visa.

Я заявляю, что предшествующія свѣдѣнія вѣрны и что я не утаиль какихъ либо фактовъ, которые могли бы предрасположить въ моей просьбѣ о полученіи китайскаго .....паспорта/ризы.

Signature: *A. Nebrashoff*
Подпись.

Address: *368/8 Rue Bourgeat*
Адресъ

Date: .... the .... year of The Republic of China 193....

自华赴美俄国侨民档案（五）

ПРОШЕНИЯ О ВЪЕЗДНЫХ ВИЗАХ

Date, { 14 JAN. 1935 the year of The Republic of China (193   )

To the Commissioner of Public Safety Bureau,
City Government of Greater Shanghai.

Sir,

I, the undersigned, Mr. John T. Aksenoff having been registered on 9-5- 193 4 at the Bureau of Public Safety, City Government of Greater Shanghai, Certificate of Registration No. 13633 Shanghai and residing at Sinza Police Station, S.M.Police hereby beg to apply to your Bureau for a certificate to the effect that there are no hinderance against the arrival here of my cousin Miss Maria Kuzminichna KULAKOFF, aged 27, who is now residing in San-Francisco, America.

I am in the position to take care about my cousin during her residence in China.

Yours truly,

Signature: _____

APPLICATION FORM
ОПРОСНЫЙ ЛИСТЪ.

Name in full. _J.P. Nentzinsky_
Имя, отчество, фамилія (если таковыхъ нѣсколько, то слѣдуетъ означать всѣ)

Nationality _Russian (Emigrant)_
Національность

Date of Birth _1905._
Точное время рожденія

Place of Birth _Blagoveschensk_
Точное мѣсто рожденія

Occupation _Merchant_
Родъ занятій

No. of Document _7096_ Issued at _Shanghai_ Date _1936_
№ документа Выданъ въ _Montreal_ Когда

Family (Name and Age)
Семейное положеніе (холость или женатъ, имѣетъ, имѣются ли дѣти, то ихъ имена и возрастъ).

Where From and When Arrived
Откуда прибылъ въ Шанхай и когда

Destination
Куда назначается

Object of Present Journey
Цѣль поѣздки

Name of Ship and Date of Departure.
Названіе парохода и время отъѣзда

Signature: _A. Nentzinsky_
Подпись

Address: _742, Rue Bourgeat_
Адресъ

Date _____ the year of The Republic of China 193_
Шанхай _____ годъ Республика Китая (193   )

Date, { the_____ year of The Republic of China (193____) }

To the Commissioner of Public Safety Bureau,
City Government of Greater Shanghai.

Sir ,

I, _____ the undersigned, Mr. John T. Aksenoff _____ having

citizen or subject of _____ a Russian emigrant

been registered on _____ 9.8. _____ 193.4 at the Bureau of Public Safety,

City Government of Greater Shanghai, Certificate of Registration No. 13293

and residing at _____ Sinza Police Station, S.M.Police _____ Shanghai

hereby beg to apply to your Bureau for a _____ certificate to the

effect that there are no hinderance against the arrival here

of my aunte Mrs. Anastassia Nikitichna KULAKOFF, aged 47, who

is now residing in San-Francisco, America.

I am in the position to take care about my aunte du-

ring her residence in China.

Yours truly,

Signature: _____

Date, { the_____ year of The Republic of China (193____) }

To the Commissioner of Public Safety Bureau,
City Government of Greater Shanghai.

Sir ,

I, _____ the undersigned, Doctor N.N.Bundikoff _____ having

citizen or subject of _____ Former Russian subject

been registered on _____ 193____ at the Bureau of Public Safety,

City Government of Greater Shanghai, Certificate of Registration No. _____

and residing at _____ Shanghai

hereby beg to apply to your Bureau for a special certificate to

the effect that there are no hinderance against the arrival here

of my uncle Professor Alexis Illich Serghikoff, aged 56, who is

now residing in Paris, France. I can state that my uncle A.I.

Serghikoff does not belong to communistic party and I am in a

position to take care about him during his residence in China.

Signature _____

Date, { April 12th. (the 24 year of The Republic of China (1935)

To the Commissioner of Public Safety Bureau,
City Government of Greater Shanghai.

Sir ,

I, Mr.B.V.VITTE, having

citizen or subject of former Russian been registered on September 14th 1934 at the Bureau of Public Safety, City Government of Greater Shanghai, Certificate of Registration No.15099 and residing at 131 Route Vallon Shanghai hereby beg to apply to your Bureau for an entrance certificate to be granted to my sister, Mrs.Vera Vladimirovna USTINOVICH, residing in Japan,Kobe,and I herewith take on myself the whole responsibility for her support in China. Mrs.Ustinovich is a Russian emigrant.-

Signature: _____

乌斯丁节维

i.
246

Shanghai, 1st May 1936.

Bureau of Public Safety,
Nantao.

Dear Sirs,

I would be much obliged if you will kindly deliver Entrance Certificate to my mother, Esfir Victorovna Visotskaya, residing actually in U.S.S.R. She is in possession of a passport allowing her to leave U.S.S.R. and with the Entrance Certificate at hand she will apply to the Chinese Legation in U.S.S.R. to get the Chinese visa there.

I am French Citizen, holder of passport No.56622 issued in Paris Prefecture de police and I take full responsibility for my mother's maintenance.

I am, dear Sirs,

Yours faithfully,

Lucy Vacheron

Lucy Vacheron
790 Bubbling Well Road.

自华赴美俄国侨民档案（八）

Date, ___ the ___ year of The Republic of China (193)

To the Commissioner of Public Safety Bureau,

City Government of Greater Shanghai.

Sir,

I, the undersigned, Mr. N.D.Kantoff

citizen or subject of ___ Russian Emigrant ___ having

been registered on __24 Aug.__ 193_5_ at the Bureau of Public Safety,

City Government of Greater Shanghai, Certificate of Registration No. 14122

and residing at __240 Avenue du Roi Albert__ Shanghai

hereby beg to apply to your Bureau for a certificate to the effect

that there are no impediments against the arrival here of my

uncle Bishop Dimitry who is now residing at Pale-

tine. I can state that Bishop Dimitry does not belong to any

political group or organization whose principles are against

law, Order and Government and is not connected with the commu-

nostic party. I will take care of him during his residence

in China.

Signature ___ N Kantoff

В Бюро Общественной Безопасности

Великаго Шанхая.

Русской эмигрантки
Анны Николаевны Мои-
сеевой, проживающей
по ул. Жофр ком 4.

Прошение.

Настоящимъ имѣю честь
возбудить предъ Вами Бюро о
выдачѣ мнѣ разрѣшенiя на
вьѣздъ въ Шанхай — моего дяди
Архiепископа Димитрiя про-
живающаго въ настоящее время
на островѣ Халкидонъ по
его просьбѣ въ Шанхай — она же
удостовѣряю на семъ прошенiи.

14 февраля 1934 г.
гор. Шанхай

А. Моисеева.

自华赴美俄国侨民档案（九）

№.111

СОВѢТЪ ОБЪЕДИНЕННОЙ РУССКОЙ ОРГАНИЗАЦИИ ГОРОДА ШАНХАЯ
The Council of the United Russian Public Organisation at Shanghai

442 AVENUE JOFFRE
TEL. 83934

REGISTERED AT THE BUREAU OF SOCIAL AFFAIRS, CITY GOVERNMENT OF GREATER SHANGHAI,
JANUARY 10, 1933 (UNDER NO. 7834).

上海市俄侨公共联合会

上
海
市
俄
侨
公
共
联
合
会

Shanghai, February 23, 1934

#152

Bureau of Public Safety,
City Government of Greater Shanghai,

Nantao.

Sirs.

The Council requests the favour of issuing an entrance certificate for entry into China for the mother of Mrs. Natalie C. Jenssen, a former Russian, now a Norwegian subject, in accordance with her petition which is attached herewith.

Mrs. Natalie C.Jenssen is assuming full responsibility for the support of her mother, Mrs. Alexandra Petrovna Andreeva, while in China.

The regular fee of 38.00 is also attached.

R.A.Aleksei

Dr. C.V.Zdziechowski,
Hon.Secretary.

Date, ｛ the ___ year of The Republic of China (193)

To the Commissioner of Public Safety Bureau,
City Government of Greater Shanghai.

Sir ,

I, Viacheslav A. Lints Bureau Andreapoesk Thurck , having

citizen or subject of Russian emigrant _____

been registered on ___ 193 at the Bureau of Public Safety,

City Government of Greater Shanghai, Certificate of Registration No. 10044

and residing at 441 R. Des Sœurs ___ Shanghai

hereby beg to apply to your Bureau for a

[Russian handwritten text]

Signature R.A. Linkt

2 NOV 1936

ПРОШЕНИЯ О ВСТУПЛЕНИИ В БРАК

538

11

Date, { _____ the _____ year of The Republic of China (193) }

2 1 ... 1936

To the Commissioner of Public Safety Bureau,

City Government of Greater Shanghai.

Sir ,

I, the undersigned, Mr. M.N. Seniavin

citizen or subject of Russian and/or _____ having

been registered on 14 _January_ 193 6 at the Bureau of Public Safety,

City Government of Greater Shanghai, Certificate of Registration No. 1195.

and residing at 183 Rte des Soeurs ap. 55 Shanghai

hereby beg to apply to your Bureau for a certificate to the effect
that there are no hindrances against the arrival here of my son
Mr. Dmitry Nic.Seniavin, aged 25, his wife Mrs.Galina Wladim.Se-
niavin, aged 24 and their daughter Sofia, aged 2, who are now re-
siding in Addis-Abeba, Abyssinia. I can state that Mr.D.N.Senia-
vin does not belong to any political group or organisation whose
principles are against law, Order and Government and I am in the
position to take care of them during their residence in China.

Signature: _N.Seniavin_

APPLICATION FORM

Name in full...... EDWIN VIVIAN FETHERSTONHAUGH

Nationality....... BRITISH

Date of birth..... 3rd DECEMBER 1911

Place of birth.... KUASINGS, CHINA

Passport or Number }
Registration } 8205

Issued at......... LONDON

Date.............. 21st JANUARY 1931

Father's name..... JAMES FETHERSTONHAUGH

Mother's name..... MRS. B.C.NAYLOR

Occupation........ R.P.C.(No.) LTD

Address........... 41 RUE DU CONSULAT.

Date of Marriage.. 13TH MARCH

Place of Marriage H.B.M. CONSULATE

DIVORCE

Are you a widower or a divorce or or
are you a divorcee? _____ Divorcee

Signature of Bridegroom: _____

Name and date of Bride: _____

Registration Number: _____

Address: _____

Date: 2 JAN 1936

自华赴美俄国侨民档案（十一）

APPLICATION FORM 540

Name in full....Vera Vitalievna Michailovsky.... (Bride's)
Nationality.....RUSSIAN.....
Date of birth....16th January 1899....
Place of birth....Vladivostock....
Passport or Registration Number....No 12791....
Issued at....Shanghai....
Date....16-4-1936....
Father's name....Vitaly....
Mother's name....Elisabeth....
Occupation....Governess....
Address....Rd. Inn. de Grouchy, F.D....
Date of Marriage....
Place of Marriage....SHANGHAI....
DIVORCEE
(Fill in here whether applicant is a bachelor or a widower or a divorcé or a spinster or a widow or a divorcée.)

William C. Hodges Jr.
Signature of Bridegroom:
Vera Michailovsky
Signature of Bride:

Signature of Witnesses:
Names, Th. Glchoff, Chairman of the United of the United
Russian of Shanghai,

Date:

自华赴美俄国侨民档案（十一）

APPLICATION FORM No. 544

Name in full....Henry R. Balani.... (Bridegroom's)
Nationality....SPANISH....
Date of birth....13.10.1916....
Place of birth....Shanghai....
Passport or Registration Number....25736....
Issued at....SHANGHAI....
Date....17.9.1936....
Father's name....Karl Balani, dead....
Mother's name....Vera Balani (née Harsun)....
Occupation....Assistant....
Address....9 Route Paul Henry, Apt. 11....
Date of Marriage....
Place of Marriage....Shanghai....
BACHELOR
(Fill in here whether applicant is a bachelor or a widower or a divorcé or a spinster or a widow or a divorcée.)

Tony A. Petlin
Signature of Bridegroom:
A. H. Kulikhina
Signature of Bride:

Signature of Witnesses:
Names,....
Registration Numbers, 9135.
Address, 1534, Route Frelupt apt B.

Date: 23.3.37   23 MAR. 1937

中文版前言

此书得以在中国付梓发行，必须要感谢南开大学这所名校，感谢我的中国同事，以及史学、哲学、社会学和人类学界同仁的努力。

南开大学外国语学院院长、中国比较文学学会海外汉学研究分会会长、国家社会科学基金重大项目"俄罗斯版《中国通史》翻译与研究"首席专家阎国栋教授担负了本书出版的组织工作，并亲自对中文译本进行了审订。

在南开大学外国语学院任教的俄语语言文学博士黄明拓完成了本书艰巨的汉译工作，同时提出了诸多宝贵的建议，力求尽可能准确地向中国读者传递书中的史实与论述。

南开大学是中国历史最为悠久的综合性大学之一，是中华人民共和国国务院首任总理周恩来的母校。拙著由南开大学翻译并出版，令我深感荣耀。

我认为，地处天津市的南开大学对出版本书产生兴趣并非偶然。长期以来南开大学与圣彼得堡大学等俄罗斯高校建立并保持着密切的教育和学术合作关系，南开大学也是中国重要的俄罗斯汉学和中俄文化交流研究中心。此外，20 世纪上半叶俄罗斯侨民曾在这座城市的社会和文化生活中留下了印迹。

由于有中国朋友相助，我这部书稿在翻译上未曾遇到过困难，但还是想借此机会向北京、南京和哈尔滨各档案馆工作人员表示感谢，正是他们的热情帮助让我看到了留存至今的俄侨文献。

我在档案中找到一位俄罗斯侨民说过的一段话，可以作为本书中文版的卷首语：

"这是一场饱含爱与乡愁的旅行。是的，我爱中国，我在那里很好。而且，我也爱中国人民，在中国度过的三十五年间，我从未感受到敌视或冷漠。"①

我也想用同样的话来讲述我在中国的工作与学习时光，只不过需要把"三十五年间"换为"约十年间"。

在这十年间，我在首都师范大学外国语学院学习了两年汉语（1994—1996 年），曾在刘利民教授的领导下讲授过俄语和俄罗斯历史。刘利民教授是语文学博士，是中国著名的俄语语言文学专家和教育科学组织者，担

---

① HIA. Coll. Levaco, Benjamin Michael. Box 2. A Trip into the Past. L.1.

任过中华人民共和国教育部副部长，曾任中国俄语教学研究会会长，现任中国教育国际交流协会会长。我在母校圣彼得堡国立大学工作期间（2003—2011 年）多次来中国出差。我曾在圣彼得堡会展中心驻华代表处首席代表的岗位上工作了三年（2012—2015 年）。现在我在俄罗斯联邦驻华大使馆任上已超六年，是俄罗斯联邦驻华大使馆一等秘书和俄罗斯联邦科学与高等教育部驻华代表。

2021 年，我们举办了庆祝《中俄睦邻友好合作条约》签署二十周年活动。在中俄两国历史学家、人类学家和翻译家们的共同努力下，我们现在所开展的社会人类学和民族心理学的跨学科研究，也为增进两国的相互理解以及科学教育领域的人文合作做出了贡献。

我认为，中国读者会有兴趣了解一位俄罗斯历史学家和人类学家关于 20 世纪 20—50 年代在华俄侨特点的看法。

中国有个成语，叫作"同舟共济"，或可作为本书的荐读要旨。

俄罗斯联邦科学与高等教育部驻华代表

伊戈尔·波兹尼亚科夫

2022 年 8 月 29 日

目　录

引 言

档案文献及史料综述

20 世纪的俄侨史是多种因素影响下产生的。一直以来，大多数俄罗斯研究者对上述因素了解不多，因为最为生动的材料存于别国的文献库中。

俄罗斯联邦驻中华人民共和国特命全权大使安·伊·杰尼索夫（А. И. Денисов）对笔者在中国的档案库中开展研究提供了帮助。中华人民共和国教育部原副部长、中国教育国际交流协会会长、语文学博士刘利民教授与赫尔岑国立师范大学副校长、语文学博士弗·瓦·拉普捷夫（В. В. Лаптев）为笔者在北京的首都师范大学接受语言培训及任教提供了机会。赫尔岑国立师范大学校长、语文学博士谢·伊·博格丹诺夫（С. И. Богданов）教授与赫尔岑国立师范大学副校长、政治学博士马·奥·姆胡达达耶夫（М. О. Мухудадаев）教授为本书的出版提供了支持。语文学博士娜·伊·巴托若克

（Н. И. Батожок，又名博兹尼亚科娃，1950—2017）为本书做出了宝贵的贡献。

大型基础设施项目中东铁路（КВЖД）的修建，推动了 20 世纪初在华俄侨数量的增长。这是将俄罗斯人大规模迁往境外的一个独特案例，其内容包括传播俄罗斯语言文化、发展对外经济联系、推广俄罗斯社会组织原则及日常生活方式。在当前条件下，在华俄侨的历史为思考在海外维系俄罗斯性的普世模式、研究俄罗斯同胞的团结机制提供了丰富的素材。

对此，20 世纪 20—50 年代俄侨自中国向美国的迁移史有着独特意义，因为在那一时期，美国俄侨区的大规模联合进程受到了在华俄侨流动态势的影响。当然，这一历史经验无法被直接挪用到当下，但我们认为其值得特别的研究与重视。近年来，外迁移民的政治与民族认同问题以及俄侨的散居史问题，不仅引发了学术界的兴趣，还引发了外交工作者及从事境外同胞人文合作事务的实践者的关注。这一点在研究海外俄侨的史学著作中也有所体现。

哈尔滨市的黑龙江省档案馆、北京市的中国第一历史档案馆和南京市的中国第二历史档案馆存有大量内容丰富的历史资料，涉及 19 世纪末至 20 世纪初的在华俄

侨及后续 20 世纪 20—50 年代俄侨从中国向美国的迁
移。但最为重要的文件已被俄侨从中国运至美国，现存
于旧金山俄罗斯文化博物馆，斯坦福大学胡佛战争、革
命与和平研究所和加利福尼亚大学伯克利分校的档案图
书馆。历史事件直接参与者的回忆录同样是珍贵的资料。
我们还会见了从中国迁出的加利福尼亚俄侨，并接触到
了中美两国的档案文献，发现了此前鲜为人知的俄国文
献并将其应用到了学术研究之中。

　　侨民群体是分布在"他者的文化空间"①内的小型民
族团体。在所处环境中，自我文化保持的机制之一是对
"自我的"民族文化特征的强调，并遵循侨民团体成员眼
中的传统的"俄罗斯的"行为方式。与此同时，侨民对
受"他者的"文化环境影响的主观接受与在侨民行为定
式中固定下来的"他者的"文化印记②之间还存在着矛
盾。同时，在大多数史学研究之中，侨民对侨居国的适
应进程特点、民族特质与其他人类学问题仍处于边缘地
位。史学家经常认为，俄侨维系其"俄罗斯性"的主要

---

　　①"他者的文化空间"指的是对于侨民群体而言以另一种文化
类型为载体、具有另一种文化印记的族群占主导的区域。
　　② 例如，与生活在俄罗斯的俄侨不同的是，在侨民环境中的
俄侨普遍自我认定和自称为"真正的俄侨"。

形式为社会活动与文学创作①。

　　例如，拉耶夫（M. Раев）指出，人类学意义上的境外俄罗斯文化"并无特别之处，因为境外俄侨的物质生活条件与所在国居民的相同"②。或许，在指称欧洲国家的俄侨时，此观点是正确的。但在 1920—1950 年间的中国，这种观点则并非完全正确，因为我们的同胞处于完全不同的文化环境中，和周围的大多数中国人相比，当时中国俄侨的生活条件与物质生活水平是完全不同的。无论是在社会政治层面，还是在民族文化层面，中国俄侨和其他国家俄侨所处的境状都是不同的，向外迁离散族群的转化也是渐进的。

　　中国俄侨向美国移民的历史进程既可以从传统的社会历史的视角来研究，也可以从一系列事件以及"文化转变"对俄侨同胞团体民族自觉的影响的视角来研究。

_____

　　① 尼·谢·特鲁别茨柯依早在 1922 年表示，希望俄侨在精神文化领域的成就将成为历史学家研究的对象："……若俄侨要想真正地在俄罗斯历史中发挥积极作用，那么他们就要抛弃一切不光彩的政治游戏并重建精神文化。否则，未来的历史学家将会严厉地批判俄侨。"(Трубецкой Н. С. «Русская проблема» // Россия между Европой и Азией: евразийский соблазн. Антология. М., 1993. С. 58.)

　　② Раев М. Россия за рубежом: история культуры русской эмиграции. 1919–1939 гг. М., 1994. С. 22.

只有在一定的条件之下，我们大多数的同胞才可以被称为"俄侨"。①

　　侨居海外的人会因身份转变而进入一种独特的门槛性的、不确定的状态。从一种身份向另一种身份转变的情形是文化最富神话性的一个领域。异乡人的隔绝与融合是大多数民族的文化所特有的。在本土居民的眼中，随着"外国客人"逐步融入乡村、城市或是地区的集体生活，他们的文化、经济和法律地位也会发生转变。阿诺尔德·范·热内普（Arnold van Gennep）在其经典著作《过渡礼仪：对仪式的系统研究》中指出："异地人口的大量涌入会导致本土居民增加其团结性作为回应……"②20 世纪初的中国社会也并不例外③。

---

　　① 参考塔斯基纳就该问题对希萨穆季诺夫文章的评论。(Хисамутдинов А.А. Российская эмиграция в Азиатско-Тихоокеанском регионе и Южной Америке. Библиографический словарь. Владивосток, 2000)："……关于移民一词的出现的问题，可以理解为，这是对俄罗斯散居国外的复杂群体的简化定义，尤其是在远东地区。没有必要将在华出生且并未在俄生活过的俄罗斯后代、铁路工人或 20 世纪初的中东铁路职工列入这一群体。相关专业文献已经将这一现象定义为'俄罗斯/俄罗斯族侨民'……"

　　② Геннеп А., ван. Обряды перехода: систематическое изучение обрядов. М., 2002. С. 31.

　　③ 1900 年义和团起义就是这种"团结性"的例证。

我们发现，中国俄侨移民美国的历史是一个多阶段移民的案例。在移民的进程中，出现了变更或维系认同因素的特殊机制。这是一个极有意思的问题。侨民及其他移民团体常常或多或少地丧失"自我的"主要民族特征，不会稳定地获得"他者的"文化特征，而自中国迁往美国的俄侨却没有成为文化适应的主体①。

在 20 世纪初的东北②，在哈尔滨市和中东铁路用地的各车站中，俄侨长久以来享受治外法权，一个独特的文化空间得以出现。天津租界中同样生活着大量俄侨群体。中东铁路改为中苏合办后，上海成为最重要的在华俄侨中心。也有部分俄侨团体生活在中国的其他地区，但为数不多③。

20 世纪 20 年代中国东北政治经济形势的剧变迫使哈尔滨市和中东铁路用地的俄罗斯居民寻求摆脱精神文化危机和经济危机的路径。白军垮台，收入急剧减少，此前中国政府所授特权丧失，俄侨从东北迁出。

---

① 参见：Бабаков В. Г. Кризисные этносы. М., 1993. С. 124.

② 原文为"Маньчжурия"，即中国东北。——译者注

③ 参见：Попов А. В. Русская диаспора в Синьцзян–Уйгурском автономном районе Китая // Национальные диаспоры в России и за рубежом в XIX–XX вв. М, 2001. С. 194–201.

首先离开哈尔滨的是俄罗斯大学生。他们是在专门的纲要框架下有组织地自华赴美的第一批群体。与此同时，赴美国和其他国家的自发移民潮也得以发展。在俄侨迁移的过程中，在中国形成的文化特质被带入美国的社会文化环境之中，而在中国有着生活经历的俄侨群体在加利福尼亚的俄罗斯侨民区占有独特地位。

随着 1924 年美国的外国移民入境立法趋于严格，俄侨移民潮总体上处于暂停状态。但与此同时，在某些地点如旧金山和加利福尼亚州其他城市的俄侨联合进程却得到了促进，因为此时对于上述地区大多数俄侨组织而言，帮助在华俄侨同胞跃升为其首要目标之一。

中国俄侨在向美国迁移的过程中，展示出了一种将适应"他者"文化环境与保留"自身"文化与自觉中深刻的、具有结构塑造性的元素相结合的模式。不过必须指出的是，一波移民潮中混杂了诸多不同民族的成员，从属于不同的民族、社会与年龄群体也决定了自我认同类型的不同选择。这里主要指的是有着东正教信仰的俄罗斯族。

上述事件的编年框架无法被精确至具体某一年，而是居于从 1920—1921 年至 20 世纪 50 年代末的这一时期。这一时期由两个不同但又相互关联的进程所确定：中国俄侨向美国迁移本身以及美国移民立法的发展。正是在 1921—1953 年间，美国通过了一系列十分重要的法律。这一历史时期又可以细分为几个阶段：

1920—1923 年：哈尔滨的俄罗斯大学生在专门大学生项目的框架下迁移至加利福尼亚。

1924—1941 年：美国通过立法限制移民背景下的个体迁移人群。

1941—1945 年：由于太平洋地区的战争，移民潮暂时中止。

1945—1949 年：个体移民与大量俄侨由中国迁往菲律宾图巴宝岛（остров Тубабао）的收容营。

1950—1953 年：大批俄罗斯难民由菲律宾收容营迁至美国。

1954 年—20 世纪 50 年代末：个体移民通过第三国迁往美国。

每一移民阶段都有着丰富的历史和地理档案资

源①。中国第一历史档案馆②保存着有关中东铁路史和俄
侨在华扩散史的文件。中国官员关于 1900—1901 年俄
军在中国东北军事行动进程的报告也有一定价值。在话
语框架内，文件中提及的行动是否被真正实施并不那么
重要，官方声明的基调和各方对彼此感知的特征才是重
要的。

　　关于在华俄侨史，黑龙江省档案馆中的可参阅文件
并不多，这是因为大多数档案都已被运往南京。根据中
国确立的制度，1911—1949 年的文件应保存在南京。黑
龙江省档案馆中关于中东铁路的部分档案资料在个别出

---

　　① 俄罗斯档案馆俄侨历史资料综述，参见：Попов А.В. Русское
зарубежье и зарубежная архивная россика // Новый журнал (Нью-
Йорк). 2003. № 230. С. 217–245. 有关哈巴罗夫斯克边疆区国家档
案馆文件，参见：Вараксина Л. А. Из истории культуры российской
эмиграции в Маньчжурии в 20–30-е гг. (Обзор документов
Госархива Хабаровского края) // Дальний Восток России – Северо-
Восток Китая: исторический опыт взаимодействия и перспективы
сотрудничества. Материалы международной научно-практической
конференции, посвященной 60-летию Хабаровского края, 100-
летию со дня строительства КВЖД и города Харбина. Хабаровск,
1998. С. 181–183.

　　② ПИА. Ф. Китайско-иностранные связи. Оп. 329.183. Д.1–29.
О событиях 1900 г.; Оп. 329.166. Д.1–32. Об обороне и
переговорах.

版物中以中文出版①。笔者在黑龙江省档案馆发现的材料包括：中东铁路俄罗斯警察局的文件、20 世纪 20 年代苏联领事馆的签证文件、俄侨名单②、发给中国官方的哈尔滨俄罗斯难民③援助委员会请求书、俄罗斯难民安置特派员的书信往来④、国联难民问题最高委员会文件⑤。

中国第二历史档案馆中的大部分档案都是被统一归档的中东铁路技术文件：铁路局通告、中东铁路订购单、商务局代表名单、总务处简报、经济材料和会计金融处报表、机务处统计数据⑥。

---

① КВЖД [сборник документов]. Т.1–3. Издательство АУПХ. Харбин, 1986.

② АПХ. Ф.77. Оп. 2. Д. 249. Список беженцев, проживающих в районе полицейского участка № 189.

③ АПХ. Ф.77. Оп.4. Д.61. Харбинский Комитет помощи русским беженцам.

④ АПХ. Ф.77. Оп.4. Д.136. Главноначальствующему 3-х восточных провинций....

⑤ АПХ. Ф.77. Оп.4. Д.1–25. Доктор Джеймс Грейг. Лига Наций. Верховная комиссия по беженцам. Делегат в Китае; Классификация числа беженцев без предвиденных занятий. Группировка занятий.

⑥ ВИА. Ф.699. Д.404. Документы российской железной дороги [КВЖД].

中国的公安局的文件中也有关于白军移民史和俄侨的材料。在档案文件中，笔者还发现了上海俄罗斯居民所填写的公安局"问讯单"，填写动机有：获得婚姻登记许可①，办理亲属、熟人或公司职员入沪许可②，办理出境签证③。

斯坦福大学胡佛战争、革命与和平研究所的档案文献中存有关于中国俄侨迁移至美国的独特历史材料。《中国的俄侨》《美国的俄侨》《外国的俄侨》以及《侨民与美国的移民立法》等主题档案尤为引人注目。斯坦福大学战争、革命与和平研究所的档案提供了中国俄侨移民美国史的最详尽的图景，涵盖了当时俄罗斯移民生活中的诸多方面——从政治和文化活动到日常生活的细节。在笔者发现的材料中，应当提及的还有：

赛连富（И. И. Серебренников）的档案，包括其作品手稿以及中国日记。在其中国日记中含有 20 世纪 30

① ВИА. Ф.18. Д.974. Шанхайское Бюро общественной безопасности. Брачные списки иностранцев.

② ВИА. Ф.18. Д.980. Шанхайское Бюро общественной безопасности. Прошения русских эмигрантов о въездных визах.

③ ВИА. Ф.18. Д.981. Шанхайское Бюро общественной безопасности. Прошения русских эмигрантов о выездных визах.

年代中国俄侨日常生活的珍贵信息①。

卡尔米洛娃〔О. Кармилова，婚前姓为涅斯维茨卡娅（Несвицкая）〕的回忆录《我的人生》，讲述了二战后中国俄侨赴美的多条路线②。

多尔别热夫（К. В. Долбежев）截止于 1994 年的回忆录。作为俄国驻中国西北楚古恰克③领事之子，多尔别热夫描绘了 20 世纪前五十年中国俄侨的生活及他个人迁至美国的情况④。

兰杰泽恩（А. Ю. Ландезен）档案中的书信集。兰杰泽恩是俄国驻旧金山领事代办，对中国俄侨赴美提供

---

① HIA. Coll. Serebrennikov, Ivan Innokent'evich. Box 4. Folder 1947–1948. Дневник; Box 9. A Great Retreat: Wanderings and Scatterings of the Russian White Armies in Northern and Central Asia. 1919–1923: typescript (247 p.).

② HIA. Coll. Karmilof, Ol'ga. 1 folder. Story of my life: mimeograph.

③ 即塔城——译者注

④ HIA. Coll. Dolbezhev, Konstantin Vladimirovich. 1 folder. Воспоминания (1994 г.). V.1.

了很大帮助①。

沙里波（Н. Шарипо，拉夫罗娃）的公文和政论作品。沙里波由中国迁往加利福尼亚，曾供职于美国媒体界，并积极参与援助中国俄侨的运动②。

科默尔（П. Комор）档案中与中国俄侨有关的书信③。

列瓦科（Б. Левако）的《往事之旅》手稿，讲述的是迁居中国之旅，作者在华生活了三十五年④。

加利福尼亚教授戴（Day G. M.）的档案。20 世纪 20 年代戴担任美国太平洋沿岸基督教青年会（ХСМЛ）外国留学生事务秘书。档案包括从哈尔滨赴美留学的俄罗斯学生名单及事务性信件。20 世纪 30 年代初，戴在撰写有关好莱坞的俄侨的专著时，面向加利福尼亚的俄侨

---

① HIA. Coll. Landesen, Arthur. Box 1. Переписка консульского отдела в Сан-Франциско с русскими организациями в Китае и дипломатическими миссиями в Южной Америке (1920–1930-е гг.). Объединенный Комитет (1925 г.); Box 3. National Information Bureau, Inc. Материалы обзора нужд русских беженцев по просьбе Объединенного Американского Комитета Содействия Русским (1929 г.).

② HIA. Coll. Shapiro, Nadia L. (Nadia Lavrova). Box 1. Central Intelligence Agency. Notification of Personnel Action (1948 г.); Box 3. 1 folder. Records of US Government Service and Related Materials.

③ HIA. Coll. Komor, Paul. 1 folder. T3 China 3524. Письма.

④ HIA. Coll. Levaco, Benjamin Michael. Box 2. A Trip into the Past.

做了一项社会调查，相关材料成为该档案的独特组成部分①。

冯·阿诺德（von Arnold）档案，作者对加利福尼亚大学伯克利分校的俄罗斯大学生状况做了综述②。

米洛留波夫（Н. И. Миролюбов）教授的档案，其中包括 1921 年③哈尔滨俄罗斯非社会主义组织的外发信件以及哈尔滨俄罗斯难民援助委员会文件集④。

戈利钦娜（Л. Голицына）档案，其中包括为国联难民问题最高委员会编写的哈尔滨俄罗斯难民子女状况报告⑤。

其他值得关注的文件还有：博戈亚夫连斯基（Н. В. Богоявленский）档案中的沙皇办公室书信与关于 20 世

---

① HIA. Coll. Day, George Martin. Box 1. Письма, материалы социологических опросов русских в Калифорнии, списки русских студентов (1920–1930-е гг.).

② HIA. Coll. von Arnold, Antonina R. 1 folder. A Brief Study of the Russian Students in the University of California. April 30, 1937.

③ HIA. Coll. Miroliubov, Nikandr Ivanovich. Box 2. Russian Non-Socialist Organizations in Harbin, China. Outgoing Correspondence, 1921.

④ HIA. Coll. Kharbinskii Komitet pomoshi russkim bezhentsam. 1 folder. Деловые бумаги харбинского Комитета помощи русским беженцам (1932 г.).

⑤ HIA. Coll. Golitsyna, Liubov' V. Box 2. Письма (1917–1933 гг.).

纪 30 年代远东俄侨状况的材料①、1951 年 1 月 26 日②
楚赫诺夫（Н. Чухнов）致美国总统杜鲁门的公开信、克
拉斯诺（Р. Красно）③收藏集中日加诺夫（В. Жиганов）
的珍本相册《上海俄侨（1936 年）》。

旧金山的俄罗斯博物馆中也存留着十分丰富的文
献集：冯·阿诺德［谢尔巴科娃（Щербакова）］的档案。
担任国际学院的俄罗斯秘书期间，冯·阿诺德于 1943 年
撰写了名为《旧金山俄侨》④的非正式综述。该档案包含
亲历者关于俄侨在华生活以及迁往美国的口述，还有中
国俄侨与其阿根廷和美国亲属的书信往来⑤。

旧金山俄罗斯文化博物馆中藏有俄罗斯慈善组织
联合会（ФРБО）的档案。该联合会于加利福尼亚创立，
旨在援助中国的俄罗斯难民。档案包括董事会会议纪要

---

① HIA. Coll. Bogoiavlenskii, Nikolai Vasil'evich. 1 folder.
Переписка с Императорской канцелярией.

② HIA. Coll. Chuhnov, Nicholas. 1 folder. Russia C559.
Открытое письмо Г. Трумэну.

③ HIA. Coll. Krasno, Rina. 1 box. Экземпляр альбома:
Жиганов В. Русские в Шанхае. Шанхай, 1936.

④ АМРК. Архив фон Арнольд (Щербаковой). Ящик 165–6.
Архив семьи Щербаковой, Russians in San Francisco. January, 1943.

⑤ АМРК. Архив фон Арнольд А. Р. Ящик 151–3. A
Biographical profile of Roman A. von Arnold. Part 1. Life, such as it
comes.... Part 2. The way to America. By Dora Arnold.

和理事会向联合国的成员组织所做的报告①。

博尔佐夫（В. Н. Борзов）是 20 世纪 30—50 年代俄罗斯移民组织的积极分子，其档案包含了俄罗斯慈善组织联合会的信件、关于援助在华俄侨的材料、俄罗斯东正教运动（俄侨组织）的机关刊物《评论》杂志、从移民期刊中剪下来的大量文章②。更详尽的博尔佐夫档案清单已由梅利霍夫（Г. В. Мелихов）和什梅列夫（А. В. Шмелев）整理出版③。

加利福尼亚州立大学俄罗斯国家大学生协会的档案包括与哈尔滨大学生联盟的事务性书信往来以及 1920—1923 年间的其他材料④。

加利福尼亚大学伯克利分校的档案图书馆中藏有

① АМРК. Архив Федерации Русских Благотворительных Организаций в США. Ящик 134–2. Папка «Minutes of Meetings of the Board of Directors and General Assembly. 1950–1957».

② АМРК. Архив Н. В. Борзова. Ящики 146–4. Корреспонденция ФРБО; Ящик 146–5. Обозрение.... Материалы о лагере беженцев на острове Тубабао (Филиппины).

③ Мелихов Г. В., Шмелев А. В. Документы эмиграции Дальнего Востока в фондах Музея русской культуры Русского центра в Сан-Франциско // Россика в США: Сборник статей (Материалы к истории русской политической эмиграции. Вып. 7). М., 2001. С. 186–204.

④ АМРК. Архив Студенческого общества в Беркли. Ящик 1. Деловая переписка, номера «Информационного бюллетеня» Общества.

口述史项目的精彩资料：第一，乌沙诺夫（В. В. Ушанов）
的访谈。乌沙诺夫于 1922 年 12 月出生于中东铁路用
地，后随大学生团赴美[①]。第二，金斯（Г. К. Гинс）的
访谈。1921 年，金斯担任中东铁路管理局成员。1942—
1944 年为旧金山《俄罗斯生活》报的编辑[②]。第三，玛洛
泽莫娃（Е. Малоземова）的访谈。十月革命后，玛洛泽
莫娃从俄国逃往中国，1920 年移居旧金山[③]。第四，舍
别科（Б. Шебеко）的访谈。舍别科是俄国内战期间的白
军成员，后流亡中国东北，在上海短暂生活后，于 1923
年抵达美国。舍别科的访谈被命名为《俄国内战（1918—
1922）与移民》[④]。沙洛娃（Л. А. Шарова）的回忆录《在
西伯利亚与中国东北的生活：1898—1922》，该回忆录于

---

① UCB, Bancroft. 87/6 zc. Russian Emigre Recollections: Life
in Russia and California.

② UCB, Bancroft. 72/93 zc. G. Guins. Impressions of the
Russian Imperial Government.

③ UCB, Bancroft. 67/103 c. E. Malozemoff. The Life of a
Russian Teacher.

④ UCB, Bancroft. Shebeko, Boris. Russian Civil War (1918–
1922). And Emigration. An Interview Conducted by Richard A.
Pierce. Berkley, 1961.

1960 年在加利福尼亚洛杉矶成稿①。

美国国家档案和记录管理局以微电影的形式保存着 1894—1949 年间上海市警察机关的文件与居住在上海的俄罗斯居民个人事宜的信息。从已出版的档案说明中可以得知，一部分文件与中国第二历史档案馆的公安局档案材料相同。②

中国俄侨赴美移民进程的特征变迁，在很大程度上是由美国移民法的变更所决定的，如官方法律条文和国会法令③。美国国务院的清单按民族和职业为迁移人口做了分类，对美国劳动力市场接收新迁入移民的限度做了推测④。

还有一类特殊的文献资料，如总统的专门咨文、美

---

① UCB, Bancroft. 87/3 z. Sharov L. A. Life in Sibiria and Manchuria, 1898–1922. A memoir completed in Los Angeles, California ca. 1960. (машинопись).

② United States. National Archives and Records Administration. Records of the Shanghai Municipal Police 1894–1949. Washington, DC: National Archives Trust Fund Board, National Archives and Records Administration, 1993.

③ Immigration and Nationality Laws and Regulations. As of March 1, 1944. Washington, 1944; Naturalization Law. Compiled by G. Gallaway. Washington, 1968; Kansas S. Immigration and Nationality Act. And Annotated with Rules and Regulations. New York, 1953.

④ United States Department of State. Some Aspects of the Displaced Persons Problem. April 7, 1948.

国国会和联合国移民问题听证会的官方报告和纪要①、各类流散人员委员会的材料②、总统移民与国籍专门委员会的材料③、美国移民政策国家委员会关于移民价值与移民的人口经济属性的评估④、华盛顿司法委员会会议纪要（会议也讨论了从中国疏散俄侨的问题）等⑤。

美国移民部门的工作人员常常亲自从事移民立法的研究和汇编工作。20世纪40年代，移民部门的两位作者为厘清相关的移民进程而撰写了美国移民立法领域的两部核心著作。两人分别为美国国务院签证办公室主任助理奥尔巴赫（Auerbach F. L.）和美国移民归化局官员哈钦森（Hutchinson E. D.）。两人的著作全文收录了一

---

① United Nations Relief and Rehabilitation Administration. The Central Committee of the Council. Documents of the Special Subcommittee on Resolution 71. Minutes of the Second Meeting. New York, 1946.

② The Displaced Persons Commission. Washington, 1949.

③ United States President Commission on Immigration and Naturalisation, Report *Whom shall we welcome*?, President's veto Message. Washington, 1953.

④ Immigration and Population Policy. National Committee on Immigration Policy. New York, 1947.

⑤ Emergency Migration of Escapees, Expellees, and Refugees. Hearings before the Subcommittee of the 83rd Congress. First Session on May 26, 27, 28, and July 1, 1953. Washington, 1953.

系列主要文件①。美国移民归化局的诸多其他前官员的
著作也涉及美国移民问题②。

因此，本书所使用的俄侨自华至美迁移史的研究文
献可以分为以下几类：

中国档案馆中的未出版材料；

美国档案馆中的未出版材料；

个别已出版文集中的档案文件；

事件亲历者的回忆录以及个人档案中的材料；

俄侨报刊、美国和中国期刊；

本书作者对曾在中国生活过的美国俄侨所做的问
询材料。

专门的俄侨史研究作品中包含着不少统计数据和
其他珍贵的信息。在 20 世纪 30 年代，该话题的相关作

---

① Auerbach F. L. Immigration Laws of the United States.
Indianapolis, 1961; Hutchinson E. P. *Legislative History of American
Immigration Policy, 1798–1965.* University of Pennsylvania Press.
Philadelphia, 1981.

② Gordon C., Rosenfield H. H. *Immigration Law and Procedure.*
New York, 1959; Schwartz A. P. *The Open Society.* New York, 1968.

品只是偶见出版①。直到 20 世纪 80 年代末，苏联史学界
对于境外俄侨包括中国俄侨的研究，都是零星出现的、
评价性的，充斥着大量不准确之处，且常见对事实的有
意歪曲。

　　20 世纪 90 年代，对于该主题的研究取得了新的进
展。别切里察（В. Ф. Печерица）关于东方俄侨及其精神
文化的专著②、伊万诺娃（Г. Д. Иванова）关于日本俄侨
的专著③、巴舒托（В. Т. Пашуто）关于俄侨史学家的专
著竞相涌现④。基于俄侨史这一共同主题的文集，以及历
史事件亲历者索夫洛诺娃（Е. Софронова）和特洛伊茨
卡娅（С. Троицкая）的回忆录均得以出版。2004 年，俄
国杰出汉学家斯佩什涅夫（Н. А. Спешнев）的作品

----

① Аварин В. Империализм в Маньчжурии. Т. 1. Этапы
империалистической борьбы за Маньчжурию. М.-Л., 1934; Камский.
Русские белогвардейцы в Китае. М., 1923; Полевой Е. По другую
сторону китайской границы. Белый Харбин. М., 1930.

② Печерица В. Ф. Восточная ветвь русской эмиграции.
Владивосток, 1994; Печерица В. Ф. Духовная культура русской
эмиграции в Китае. Владивосток, 1999.

③ Иванова Г. Д. Русские в Японии XIX — нач. XX в.
Несколько портретов. М., 1993; Пашуто В. Т. Русские историки-
эмигранты в Европе. М., 1992.

④ Русская эмиграция во Франции (1850-е — 1950-е гг.).
Сборник статей. СПб, 1995; Русские в Германии (1914–1933).
Сборник статей. СПб, 1995.

问世①。

对移民日常生活史进行研究的方法学也有一定发展，部分文集作者提出：将书信与期刊作为海外俄侨史研究的文件，这一视角具有新意②。杜比尼娜（Н. И. Дубинина）和茨普金（Ю. Н. Ципкин）研究了 20 世纪 20 年代哈尔滨俄侨的社会成分③。诺维科夫（А. И. Новиков）和弗列恩克曼 - 赫鲁斯塔列娃（Н. С. Хрусталева）的专著涉及了移民的历史与本质、文化适应、民族属性等理论问题④。俄罗斯科学院俄国史研究所的一系列会议针对有关俄侨（旅居地）适应史研究的问题做了讨论⑤。在研究美国的日本侨民区时，马尔特什金

①　Спешнев Н. А. Пекин – страна моего детства. Китайская рапсодия. Записки синхронного переводчика. СПб, 2004.

②　Из истории российской эмиграции. Сборник статей. СПб, 1992.

③　Дубинина Н. И., Ципкин Ю. Н. Об особенностях дальневосточной ветви российской эмиграции (на материалах Харбинского комитета помощи русским беженцам) // Отечественная история, 1996, № 1. С. 70–84.

④　Фрейнкман-Хрусталева Н. В., А. И. Новиков. Эмиграция и эмигранты. СПб, 1995.

⑤　Источники и историография по истории адаптации российских эмигрантов в 19–20 вв. // Отечественные архивы, 1996, № 2. С. 123; Международная научная конференция. Годы, Люди, Судьбы. История российской эмиграции в Китае. М., 1998.

（С. А. Мартышкин）的著作包含了民族层面移民史研究的诸多理论观点和一般研究方法①。卡布赞（В. М. Кабузан）的著作《世界俄侨》研究了 18—20 世纪俄罗斯本土和其他国家俄罗斯族的人口变化和迁移历史，少部分章节还研究了远邻国家的俄侨②。

21 世纪初，学术界对俄侨史的兴趣有所增加，一系列材料客观且翔实的专著与文章问世。在远东地区境外俄侨史领域，希萨姆迪诺夫（А. А. Хисамутдинов）撰写了一系列卷帙浩繁的著作③，并积极参与学术信息的交流，为历史问题的研究做出了突出贡献④。

除综合性的研究成果外，关注俄侨史个别方面的专

---

① Мартышкин С. А. Японская иммиграция в США: проблемы интеграции и этнического самосохранения. (1868–1945). Автореф. дисс. д. и. н. М., 1995.

② Кабузан В. М. Русские в мире. Динамика численности и расселения (1719–1989). Формирование этнических и политических границ русского народа. СПб, 1996.

③ Хисамутдинов А. А. Российская эмиграция в Азиатско-Тихоокеанском регионе и Южной Америке. Библиографический словарь. — Владивосток, 2000; Белые паруса на Восточном Поморье. Владивосток, 2001; Российская эмиграция в Китае: опыт энциклопедии. Владивосток, 2002; Следующая остановка Китай: из истории русской эмиграции. Владивосток, 2003.

④ Хисамутдинов А. А. Париж и русская эмиграция на Дальнем Востоке // Проблемы Дальнего Востока. № 3. -2001. С. 163–167.

门著作也逐渐增多，涵盖沙俄和临时政府时期①俄罗斯
外交官活动、中国东北俄侨的教育体系②、中东铁路政策
史③、在华俄侨的社会政治和文化积极性④、在华哥萨克
移民的文化⑤、中国东北的俄罗斯建筑⑥、移民环境中的
俄语⑦等主题。

---

① Кононова М. Деятельность дипломатов царского и Временного
правительств в эмиграции в 1917–1938 гг. // Международная жизнь.
2001. 9–10. С. 71–83.

② Потапова И. В. Русская система образования в Маньчжурии.
1898–1945 гг. Автореф. дисс. к. и. н. – Хабаровск, 2006; Еропкина
О. И. Русские и китайские школы на КВЖД. 20-е гг. // Проблемы
Дальнего Востока. 2001. № 3. С. 132–138.

③ Аблова Н. Е. КВЖД и российская эмиграция в Китае:
международные и политические аспекты истории (первая половина
ХХ в.). М., 2004.

④ Говердовская Л. Ф. Общественно-политическая и культурная
деятельность русской эмиграции в Китае в 1917–1931 гг.: дисс. к.
и. н. М., 2000.

⑤ Коваленко, А. И. Культура русской казачьей эмиграции в
Китае // Исторический опыт освоения Дальнего Востока. 2001.
Вып. 4. С. 236–242.

⑥ Левошко С. С. Русская архитектура в Маньчжурии. Конец
XIX- первая половина ХХ века. Хабаровск, 2004.

⑦ Оглезнева Е. А. Русская диаспора в Харбине: уровни
лингвистической адаптации // Восточная Азия – Санкт-Петербург –
Европа: межцивилизационные контакты и перспективы экономического
сотрудничества. 2–6 октября 2000 г. Тезисы и доклады. СПб, 2000.

中国学术界自 20 世纪 80 年代以来对在华俄侨群体类型以及俄侨史问题的研究[1]趋于积极, 其中著名学者汪之成的专著[2]是这一领域材料详尽、发掘成果突出的核心文献。作者对上海俄侨史做了分期, 分析了俄侨的就业、犯罪率, 对中国政府、上海公共租界和上海法租界的关系, 对上海俄侨区的各类社会群体和阶层的状况均做了概述, 编制了俄汉姓名对照索引。汪之成的著作同样基于胡佛学院的档案材料和中俄的俄侨期刊文章。

日加诺夫于 1936 年整理出版的《上海的俄侨》[3]相册是汪之成依据的主要文献之一。该相册的内容决定了汪之成著作的结构, 保持了该著作的学术价值, 是上海俄侨史领域材料选取的成功案例。中国史学界还研究了中东铁路的建造史问题和 1917 年前中国东北俄侨的军

---

① Василенко Н. А. История Российской эмиграции в освещении современной китайской историографии. Владивосток, 2003.

② 汪之成. 上海俄侨史. 上海三联书店, 1993.; Гудошников Л., Трощинский П. Китайский исследователь Ван Чжичэн об истории шанхайской ветви русской эмиграции // Проблемы Дальнего Востока. 2000. № 4. С. 146–155.

③ Жиганов В. Русские в Шанхае. Шанхай, 1936.

事政治活动①。

在美国史学界，移民史的理论问题从 19 世纪末开始在一系列专门成果中得到了深入研究。阿伯特（Abbott G.）、德拉克斯勒（Drachsler J.）、西蒙斯（Simons S.）、梅奥-史密斯（Mayo-Smith R.）②的作品研究了同化和文化适应现象。塔尔博特（Talbot W.）主持出版了一部有关"美国化"的学术文集③。大量美国学术著作所关注的都是单一民族的移民群体：希腊人、意大利人、德国人、苏格兰人、芬兰人等。

---

① 陈晖. 中国铁路问题. 生活·读书·新知三联书店, 1955;〔俄〕B.B. 戈利岑, H.M. 奇恰戈夫. 中东铁路护路队参加 1900 年满洲事件纪略. 商务印书馆, 1984.; КВЖД [сборник документов]. Архив провинции Хэйлунцзян. Т. 1–3. Харбин, 1986; 中国社会科学院近代史研究所. 沙俄侵华史. 人民出版社, 1976.

② Abbott G. *The Immigrant and the Community*. New York, 1917; Drachsler J. *Democracy and Assimilation: The Blending of Immigration Heritages in America*. New York, 1920; Drachsler J. *Intermarriage in New York City: A Statistical Study of the Amalgamation of European Peoples*. New York, 1921; Mayo-Smith R. Assimilation of Nationalities in the United States // *Political Science Quarterly*, 1894, № 9.—PP. 426–444, 649–670; Simons S. Social Assimilation // *American Journal of Sociology*, 1900–1901, № 6. PP. 790–822.

③ *Americanization. Principles of Americanism; Essentials of Americanization; Technic of Race-Assimilation*. Ed. by Talbot W. New York, 1917.

鲍克（Balch E.）和戴维斯（Davis J.）对 20 世纪初美国的俄罗斯和斯拉夫移民做了概述，柯立芝（Coolidge M.）研究了中国移民，部分美国学者的著作还与自华赴美的俄侨直接相关①。

戴维斯的专著研究了加利福尼亚，尤其是好莱坞俄侨②，使用了与俄侨访谈的材料，还采用了在美侨民适应机制的理论成果。从中国迁往加利福尼亚的俄侨群体是有着独特性质的俄侨群体。戴维斯参与了协助俄罗斯大学生从哈尔滨迁往美国的项目，其收集的个人档案材料也被本书所使用。

戴维斯的研究契合了 20 世纪 20 年代的趋势：为美国社会结构中的移民群体的地位和作用进行科学评估。1924—1927 年，在众多美国非政府组织的支持下，一项研究美国各民族群体族际关系的项目得以开展，出版了关于美国太平洋沿岸的中国、日本、墨西哥及其他国家/地区移民群体研究的巨著，但未涉及俄侨的信息③。戴维

---

① Balch E. *Our Slavic Fellow Citizens*. New York, 1910; Davis J. *The Russian Immigrant*. New York, 1924; Coolidge M. *Chinese Immigration*. New York, 1909.

② Day G. M. *The Russians in Hollywood: A Study in Culture Conflict*. Los Angeles, 1934.

③ HIA. Coll. Survey of Race Relations. 37 ms. boxes.

斯采取了同样的研究方法，如民族社会学调查、与俄侨区各类群体的访谈等，还对俄文材料中涉及文化冲突本质的研究尝试进行了完善。

阿夫托诺莫夫（Н. А. Автономов）的专著研究了俄美保护和援助海外俄侨联盟旧金山分部的活动①。该著作特别关注了从中国迁出的俄罗斯难民，书的附录中还附上了该主题的部分档案文件。阿夫托诺莫夫的著作中事实材料丰富，但引用的信息时常未标注具体的文献来源。在俄侨史学界，只强调俄侨史的积极因素已成既定传统，部分学者对这一传统的违背招致了部分海外俄侨的尖锐批评，巴拉克申（П. Балакшин）的书便是一个例子②。

1980 年，特里普（Tripp M. W.）在加利福尼亚大学伯克利分校撰写《俄罗斯之路：旧金山民族共性的起源和发展》一书时，对旧金山俄侨的特征做了简要界定，

---

① Автономов Н.П. Обзор деятельности Сан-Францисского Отдела Русско-Американского Союза защиты и помощи русским вне России. Сан-Франциско, 1970.

② Балакшин П. Финал в Китае. Возникновение, развитие и исчезновение Белой эмиграции на Дальнем Востоке. Т. 1–2. Сан-Франциско, Париж, Нью-Йорк, 1958.

阐述了俄侨赴美的历史，并对俄侨人数做了估计①。该书主要关注旧金山俄侨生活的宗教层面。作者援引了麦克斯韦（Maxwell R.）的作品《自远东迁至旧金山的俄侨：1921—1923》②。在加利福尼亚大学伯克利分校图书馆藏书目录中并未出现麦克斯韦的这本书，但特里普的援引却证实了这本书的存在，这一发现揭示了美国研究人员对这一主题的兴趣也在日益增加。

哈德威克（Hardwick S. W.）在其专著《北美太平洋沿岸的俄罗斯难民：宗教、移民与定居》一书中将美国的俄罗斯移民与欧洲其他国家的移民做了比较，在北美太平洋沿岸俄侨散居史的视域下讨论了"地理民族学"的理论问题③。哈德威克专门用一章讲述了俄侨从远东迁移至美国的路线。总体而言，该书主要研究俄侨赴美迁移的宗教层面。美国史学界俄侨领域的有些作品部分触及了从中国迁出的俄侨的历史，如专著《20世纪的美

---

① Tripp M. W. Russian Routes: Origins and Development of the Ethnic Community in San-Francisco. San-Francisco, California, 1980. M. A. Thesis, Berkeley, UCB, 1980.

② Maxwell R. Post-graduate Work on *Russian Immigrants from the Far East to San Francisco, 1921–1923*. Berkeley, 1972.

③ Hardwick S. W. *Russian Refugee: Religion, Migration, and Settlement on the North American Pacific Rim*. The University of Chicago Press. Chicago and London, 1993.

国俄侨》(其中的"中国俄侨"一章①),其作者彼得罗夫
(B. Петров) 撰写了诸多关于美国俄侨史的论著。再如,
拉耶夫 (Раев м.) 的著作也研究了 1919—1939 年的俄侨
文化②。

美国学者沃尔夫(Wolff D.)基于广博的档案材料深
入研究了哈尔滨的历史,其中也包括哈尔滨的民族和政
治问题③。斯捷方 (Д. Стефан) 的专著用了大量篇幅阐
述中国发生的事件④。约翰逊(Johnson B.)的作品研究
了俄侨对美国生活环境适应的心理层面问题。约翰逊的
研究基于对在美俄侨的社会学调查的材料,主要关注美
国的俄罗斯东正教信徒⑤。

当然,俄侨史问题和当代境外俄侨的现实问题在互
联网上也能找到广泛的材料。波波夫 (А. В. Попов) 的

---

① Петров В. Русские в Америке. XX век. — Вашингтон,
1992.

② Раев М. Россия за рубежом: история культуры русской
эмиграции. 1919–1939 гг. М., 1994.

③ Wolff D. *To the Harbin Station: The Liberal Alternative in
Russian Manchuria, 1898–1914*. Stanford: Stanford University Press,
1999.

④ Стефан Д. Русские фашисты: трагедия и фарс в эмиграции.
(1925–1945 гг.). М., 1992.

⑤ Johnson B. *Russian American Social Mobility: An Analysis of
the Achievment Syndrome*. Saratoga, 1981.

著作给出了相当丰富的资源清单：俄侨网站"关于自己"、海外俄罗斯东正教网站、俄罗斯本土有关俄侨研究的网络资源、俄境外档案馆和学术机构的网站①。

　　即便是简短的历史学综述也可以使我们得出某些结论。自 20 世纪 30 年代以来，学术界就已采用科学方法研究在华俄侨史和俄侨后续向美国及其他国家的迁移。20 世纪 90 年代末至 21 世纪初，学术界对这一问题的研究兴趣急剧上升。俄侨学者和归侨学者进行的研究，包括回忆录性质的成果，都包含着翔实的事实材料，但却常常具有情绪化色彩，因为许多学者同时也是他们自己所研究事件的直接参与者，或是受到了俄侨群体的舆论影响。美国史学界研究中国俄侨迁至美国，尤其是迁至美国太平洋沿岸的历史时，关注其宗教和法律层面的趋势日渐鲜明。中国的研究者则尤为关注中俄关系背景下的中东铁路史，还在校准统计数字方面做了工作。如果说在 20 世纪 80 年代，苏联史学家主要研究俄侨的政治史，那么当代俄罗斯史学家则将精力主要集中于对档案材料的搜寻和对历史专门问题的详细研究，如海外俄

---

① Попов А. В. Русское зарубежье в интернете // История белой Сибири. Тезисы IV научной конференции. Кемерово. 2001. С. 251–257.

侨的精神和物质生活。

在承认俄侨迁移史个别历史事实的归纳与体系化的学术意义的同时，有必要在此援引列维-斯特劳斯（К. Леви-Строс）的名言："关系的系统将社会生活的所有方面联结在一起，在传递文化方面所发挥的作用要比每个个别方面都要更重要。"①

关于赴美中国俄侨的文化（人类学意义上的文化）特征，可以将以下因素归为系统的构成要素：

其一，在 19 世纪末至 20 世纪初，也即在十月革命、苏俄国内战争和第二次世界大战很久以前就业已形成的中国俄侨的社会文化共性。正是这种共性使中国俄侨和其他类型的俄侨有着本质的区别。重要的是，俄罗斯难民在中国早已成为有着既定价值取向和"游戏规则"的俄罗斯功能团体的一部分。

其二，赴美中国俄侨的社会文化共性。这种共性基于被意识到或未被意识到的与其他类型俄侨在命运上的外在区别：更持久的俄侨团体形成时间、离俄国的欧洲部分更远的距离、赴美之前在融入本地居民日常生活方面经验的缺失。

---

① Леви-Строс К. Структурная антропология. М., 2001. С. 373.

其三，在俄国以外出生的俄侨的民族特性。这种特性首先表现在语言、跨民族婚姻和自我认同的原则方面，例如对"俄罗斯性"的概念与特质的独特理解。

其四，俄侨在中国和美国境内聚居点的密集程度。这种密集性由一系列社会和地理因素决定：中东铁路建设和运营的情况、从西伯利亚以及远东中俄边境地区出逃的白军和难民规模、加利福尼亚俄侨同胞推行中国俄侨援助计划的积极性以及从居住地到美国太平洋港口距离的远近。然而，中国俄侨能否使用这些港口首先取决于美国移民立法的发展，因为美国移民立法在很大程度上对各移民阶段的次序和人数做了预先规定。

中国俄侨的民族身份认同、迁至其他国家的原因、在美国移民法变更的背景下美国俄侨对中国俄侨的援助史、从中国迁出的俄侨的命运等问题，不仅会引发历史学家和人类学家的兴趣，还会引起外交人员、从事与境外同胞人文和商务合作的专家的关注。

第一章

中国俄侨与赴美中国俄侨的
民族心理特性

　　1897—1903 年，中国东北的哈尔滨市和"中东铁路用地"中的各站点中形成了独特的俄罗斯社会文化空间，中国东北俄侨所生活的地区由自身的行政机关管辖，直到 1920 年前仍享有治外法权。对中东铁路的建设和维护、商业贸易的发展促进了该地区俄侨人口的稳定增长，主要是铁路职员、沙俄中东铁路护路军军官、商人及其家属。义和团运动爆发后，俄军便于 1900 年进入中国东北①。然而，在 20 世纪 20 年代，这些事件都不是史学界关注的重点。因此，在中东铁路建成 25 周年之际，尼路

---

　　① ［俄］B.B. 戈利岑，H.M. 奇恰戈夫. 中东铁路护路队参加 1900 年满洲事件纪略. 商务印书馆，1984.

丝（Е. Х. Нилус）在其综论中写道："中东铁路使东西方
的异质文化交流碰撞，为其和平的、富有成效的交融创
造了新机遇。"[1]

　　十月革命起初并未对哈尔滨市俄侨习以为常的生
活方式产生实质的影响，几乎察觉不到剧变的律动，银
行与警察局依然运转着，中东铁路继续接受着订单。但
白军在西伯利亚的溃败导致了大量俄罗斯难民越过中俄
边境。史学界对 20 世纪 20 年代在华俄侨数量的评估各
有不同[2]。施卡连科夫（А. К. Шкаренков）援引基尔日
尼茨（А. Киржниц）的数据，认为俄侨人数为 10 万人，
并指出十月革命前其中的大多数都定居于中东铁路用地
之中[3]。还有数据认为，十月革命前中国俄侨的数量约为

　　① Очерк участия охранной стражи КВЖД в событиях 1900 г.
в Маньчжурии. Харбин, 1910; Исторический обзор КВЖД. 1896–
1923 гг. Сост. Е. Х. Нилус. Харбин, 1923. С. 10.

　　② Аблова Н.Е. КВЖД и российская эмиграция в Китае. М.,
2005. С. 120–121, 124, 125–127.

　　③ Шкаренков Л.К. Агония белой эмиграции. М., 1987. С. 22.

20 万①。还存在着更多的估算：40 万②甚至 50 万③。巴
拉什金（П. Балашкин）认为，当时中国俄侨的数量约为
25 万④，这一数字是最受认可的。

　　难民的涌入使哈尔滨俄侨的社会结构发生了变化。
1924 年，国联难民问题最高委员会驻中国代表格雷克
（Д. Грейг）编写《无固定职业难民分类手册》，其中包含
的职业有：

　　　　渔民、农业劳动者、矿工、砖厂工人、陶

　　器工人、玻璃熔炼工人、化学产品师、皮革工

---

① Кепинг О.В. Последний начальник российской Духовной
миссии в Китае — архиепископ Виктор: жизненный путь //
Православие на Дальнем Востоке. СПб, 1993. С. 92; Svanberg J.
The Russians in China // Multiethnic Studies in Uppsala. Essays
presented in Honour of Sven Gustavsson, June 1, 1988. Upsala
University, 1988. P. 100.

② Проблемы изучения истории российского зарубежья. Сб.
статей. М.,1993. С. 48.

③ Сергеев О. И. Роль российской эмиграции в хозяйственном
освоении Варги (район Северо-Восточного Китая) // Исторический
опыт освоения восточных районов России. Тезисы докладов и
сообщений международной конференции. Кн. 2. Владивосток,
1993. С. 202.

④ Балакшин П. Финал в Китае. Возникновение, развитие и
исчезновение Белой эмиграции на Дальнем Востоке. Т.1–2. Сан-
Франциско, Париж, Нью-Йорк, 1958. С. 3

人、纺织工人、食品饮料生产者、家具工人、摄影师、建筑师、瓦工、石匠、屋面工、油漆工人、装潢工人、非熟练工人、天然气、水和电气企业职工、交通领域职工、商人、财政人员、保险企业职工、有社会管理经验的人员、博士、公证员、工程师、俱乐部与宾馆服务人员、抄写员、办事员、代理出庭人、速记员、打字员、店员、售货员、堆垛工人、机械工、发电机与发动机维修人员及其他各领域工作人员……①

前俄国军官是一类特殊的群体，是中国东北和新疆地区各类中国武装部队乐于接收的对象。弗拉基米尔·祖别茨（В.Зубец）作为上述历史事件的亲历者，后移民至美国。祖别茨喜欢在其回忆录中谈及在"中国军队"中服役的经历②。

1930 年来到哈尔滨的苏联评论家波列沃伊（Е.

---

① АПХ. Ф.77, Оп.4, Д.1-25. Доктор Д.Грейг. Лига Наций. Верховная комиссия по беженцам. Делегат в Китае; Классификация числа беженцев без предвиденных занятий.

② HIA. Zubets, Vladimir Aleksandrovich. Box 1. На службе в китайской армии (1933).

Полевой）幽默地将哈尔滨市俄侨的既定社会心理类型做了分类："史前或樟脑丸式的居民（中东铁路建设先驱的残余）"、"典型或正常居民（小市民）""积极的、投机的居民""美国化的、狡猾的居民"①。

西伯利亚临时政府小部长会议（Малый Совет министров Сибирского Временного правительства，1918）前主席、哈尔滨《俄罗斯之声》报记者赛连富将 20 世纪 30 年代初中国东北的俄罗斯居民分为三大类：十月革命前就已定居中国东北的老住户、移民与难民、苏联国民②。在美国胡佛学院档案馆赛连富日记的封面上，我们找到了这样的题词："应发往西伯利亚，交由伊尔库茨克俄罗斯地理学会东西伯利亚分部保存。"1943 年 6 月 3 日还有这样的笔记："我希望我的个人档案最终能集中存于伊尔库茨克……"③

1920 年白军溃败已成定势后，俄侨在中国东北丧失了治外法权，这也推动了在华俄侨群体向移民离散族群

① Полевой Е. По другую сторону китайской границы. Белый Харбин. М., 1930. С. 24.

② Серебренников И.И. Русские интересы в Китае // Эмигрантская библиотека. 1934, № 9. С. 29–30.

③ HIA. Serebrennikov, Ivan Innokent'evich. Box 4. Folder 1947–1948.

的转变。中国警察开始逮捕不想自愿回迁至俄国的俄侨。俄罗斯难民安置全权代表向东省特别区①总司令致信写道："十八名西伯利亚哥萨克于 5 月 24 日被强行遣至外贝加尔。竭诚请求庇护其返回哈尔滨。"②但是，该档案中还有一份 552 人的名单，他们都递交了返回俄国的申请书。国内战争结束后移民纷纷回迁，中国东北的俄罗斯群体开始分裂与消亡。

1924—1925 年中东铁路转为中苏共同管辖期间，部分俄罗斯铁路职工取得了中国国籍，而其他人则或是被迫失去工作和生活来源，或是接受苏联护照（在哈尔滨被称为"红本"）。与本地居民相比，欧洲俄侨群体在同一个国家之内的生活条件平等，而哈尔滨的俄侨则分为所谓"白匪"、无国籍难民和苏联公民，这三类人生活情况完全不同。

为此，生于中国并于 1947 年回迁苏联的女作家娜塔莉娅·伊利伊娜的观点值得关注："第二代俄侨在孩提时期就置身国外，他们在美国或法国生活时，去的是当地的学校。他们忘却了母语俄语，脱离了俄罗斯根源——

---

① 东省特别区，原为东清铁路（中东铁路）附属地。

② АПХ. Ф.77. Оп.4. Д.136. Л.60. Главноначальствующему Восточных Провинций... .

即便不是所有人，大多数人也都是这样的。这一特征对在美国长大的俄罗斯年轻人而言尤为明显，而中国俄侨与当地居民的这种融合显然是不可能的。此外，三四十年代的上海年轻俄侨虽然大多在哈尔滨长大，但无论是语言方面还是思维方面，都依然是俄侨。"①

随着政治局势的剧变以及随之而来的西伯利亚难民的迁入，中国东北的俄侨企业出现财政危机。从俄国难民潮涌入中国之初，中国的俄企便向难民提供物质援助，但中东铁路资金状况的恶化迫使其大幅削减援助的规模。俄罗斯难民安置全权代表格雷克从各组织那里收到了大量有关资金支持的求助，其中也包括从事哈尔滨难民子女收容事务的组织②。国联难民问题最高委员会直到 1924—1925 年才开始实施在华俄罗斯难民援助纲要，那时中东铁路转为中苏共治的进程业已开始。因此，对于中国东北俄侨而言，1920—1923 年是最为艰难的时期之一，治外法权的丧失也加速了在华俄侨群体向离散侨民的转变。

为捍卫自身权利，中国东北俄侨结为各类政治、宗教和职业团体，已建立起来的组织也开启了联合进程。

---

① Ильина Н. Дороги и судьбы. М., 1988. С. 218–219.

② HIA. Coll. Golitsyna, Liubov' V. Box 2.

1920 年，国家-民族非社会主义组织联合理事会在哈尔滨成立，主席为克罗波特金（А. А. Кропоткин），由十五家俄侨团体的代表组成①。同时，在华俄侨也开始积极寻找机会从中国迁至其他国家。建成的组织对这一进程起到了积极的推动作用。

在中东铁路用地苏维埃化的进程中，新的中东铁路局曾试图通过中国政权对反苏俄语期刊施加影响②。《俄罗斯之声》报引起了苏维埃当局的尖锐批评，报中也刊登了移民至其他国家的远东俄侨生活的消息。美国俄侨向报社寄来了大量的信件，讲述了其艰苦的生活环境，并请求报社提醒尚留在中国的俄侨不必过早离开中国。但这类消息却未在报纸上刊登，因为《俄罗斯之声》编辑部认为，中国政治经济局势的发展并不乐观，并将促使俄侨迁出中国视为己任。1925 年《俄罗斯之声》编辑部向身居美国的戈里钦（А. В. Голицын）所致的信件中

---

① HIA. Coll. Miroliubov, Nikandr Ivanovich. Box 2. Russian Non-Socialist Organizations in Harbin, China. Outgoing Correspondence, 1921.

② 参见：The Russian Daily Press in China. By R. Lowenthal. Yenching University. Reprinted from «The Chinese Social and Political Science Review». Vol. XXI. №.3. October-December, 1937. Peking, China. PP. 330-340.

就提到了这一点①。

　　1932 年 2 月，日本在中国东北建立了伪满洲国傀儡政权。同年，国联专门委员会到访中国，并对中国俄侨为何不迁至别国感到诧异。以科洛科里尼科夫（В. И. Колокольников）主席为代表的哈尔滨俄罗斯难民援助委员会向国联专门委员会做了如下解释：部分中国东北俄侨愿意迁至欧洲、美国、加拿大或是澳大利亚，但缺少必要的资金和相关的法律支援。此外，据哈尔滨俄罗斯难民援助委员会评估，约十五万的中国东北俄侨中，大部分无论如何都会留在中国，因为他们依然相信有重回俄国的可能，或是期望十月革命前的中东铁路用地的秩序能够恢复，进而重新享有 20 世纪 20 年代初以前的治外法权。

　　1941 年 12 月 16 日，上海俄侨委员会（РЭК）发布"四号令"，禁止对上海市当局、日本及日本盟国的行动与决议发布任何批评，在俄罗斯期刊中仅允许发表日本当局正式批准的消息。"四号令"中指出，违反本令，一经发现，俄侨将处于战时法律的效力之内，俄侨委员会

---

① HIA. Coll. Golitsyna, Liubov' V. Box 2.

将拒绝采取任何措施为其提供保护[1]。彼得罗夫指出，在
20 世纪 30 年代，"日本宪兵队压迫下的生活环境是难以
忍受的"[2]。

　　在中东铁路交由苏联管辖后，上海成了主要的中国
俄侨中心。在这一阶段，俄侨意识最终形成。与此同时，
与欧洲俄侨的命运相比，中国俄侨开始理解其生活环境
的独特性。因而利金（Н. Лидин）在其《俄罗斯笔记》
中的表述值得关注：

　　　　被从祖国抛弃至遥远的异国他乡的俄侨
　　适应性强，吃苦耐劳，在异域的环境和生活条
　　件下有高超的艺术来创造自身的物质财富。远
　　东俄侨向中国北部和中部迁移的恢宏历史便
　　是鲜明有力的证明。的确，在移民潮涌入之
　　时，俄侨在中国的聚居地上开辟了施展其劳动
　　才干的广阔空间，而西欧却丝毫不见此番

　　① Bulatov R. Частная коллекция архивных материалов. Вестник
Российского Эмигрантского Комитета в Шанхае. Шанхай, 1942.
　　② Петров В. Русские в Америке. XX век. Вашингтон, 1992.
С. 121.

图景。①

　　上述引文的论调显示了 20 世纪 30 年代中期在大部分中国俄侨意识中固定下来的新价值取向，首先就是俄侨在异国社会中找到自身位置的追求与能力得到了称赞。对于上海俄侨而言，在不久的将来回迁俄国无论如何都是不可能的，所以在俄侨民族性格特征之中，吃苦耐劳成了首位。

　　至少从社会学的角度来看，人成为一个共同体成员不只是因为人存在于该共同体之中，更是因为其参与了共同体的生活②。这一观点是值得肯定的。但是，尽管俄侨在日常生活方面与上海的欧洲侨民群体已实现了高度融合，但将俄侨纳入西方侨民群体依然是一种错误的分类，因为无论是在俄侨自身的眼中，还是在上海当局的眼中，俄侨群体都是特殊的。

　　要想重构俄侨特有的各类社会心理和文化特征类型，就需要对俄侨业已形成的身份认同类型加以区分并

　　① Лидин Н. Русские эмигранты в Шанхае // Русские записки. 1937. № 2. C. 308.

　　② Park R., Burgers E. Introduction to the Science of Sociology. Chicago – London, 1969. P. 63.

对这些类型与社会生活条件的相关性进行深入研究。俄侨视域下的民族身份认同也具有政治意义。

由于对"认同"这一术语缺乏广为接受的解读，有必要引用英国历史学家和人类学家史密斯的主题报告中的表述。该报告的俄文版是以单独文章的形式发表的。在对区分各类俄侨身份认同的相关问题进行研究时，我们把史密斯的研究方法作为我们的出发点。

与身份认同相关联的是"我是谁"的问题。人类学普遍认为，传统社会中的身份认同是固定的、牢固的、稳定的，而现代社会中的身份认同是易变的、多层次的、自我审视的。各类身份认同的相互综合作用基于年龄、民族、氏族、阶级、宗教等表征。这种不稳定的体系通过语言和其他表现形式实现管控，进而产生对个体或群体的接纳与排斥、肯定与否定。有些群体更容易否认旧的身份认同模式并接受新的身份认同模式确立的可能。政治这一因素或是卷入与新的集体认同模式的冲突之中，或是与之相反，促进新的集体认同模式的确立。十月革命以来的社会认同的变更（为研究者）提供了广阔的研究空间。[①]

史学界早就形成了一个流派，利用传统叙事材料来再现某些社会群体特有的心理类型，并重现特定历史阶段的日常图景[②]。史学界关于海外俄侨的类似研究成果较少。与此同时，中国俄侨又是一个独特的分支，因此应该成为具有文化-人类学特色的史学研究的关注对象。

以下对俄侨认同的重述旨在尝试回答两个问题：20世纪30年代的上海俄侨中主要有哪些身份认同类型？对某些民族、社会和年龄群体的归属是否决定了俄侨对其身份认同类型的选择？

下文列出了这一时期上海俄侨的一些典型形象，以基于对统计数字的分析，明确俄侨群体的民族文化特征与社会人口成分。此种分析也是从人类学角度阅读档案文件的某种补充。

对俄侨身份认同的再现基于档案材料，包括出境签证申请书。20世纪30年代，上海公安局将曾与俄国有

---

① Смит С. Переписывая историю русской революции после краха коммунизма // Россия в 1917 году. Новые подходы и взгляды. Сборник статей. Вып. 3. СПб, 1994. С. 80–88.

② 相关可能的方式参见：Гуревич А. Я. О кризисе современной исторической науки // Вопросы истории. 1991. № 2–3. С. 21–36.

过某种关联的所有外国人归为俄侨的范畴。去公安局提交出境签证申请时，俄侨需填写调查表。我们共分析了1934—1937 年的 240 份调查表。出境签证申请书常附有侨民民族组织（主要为俄侨组织）的推荐信，或是由这些组织盖章确认，如：上海市俄侨联合组织、"援助"协会、俄侨委员会、上海市犹太委员会。文件包含公安局官员的标注。调查表用俄语和英语打印，填表语言可自行选择。

调查表（即 Application forms，以下简称"表格"）包含的信息有：申请人的姓名、民族、出生日期、地址、职业类别、家庭状况、子女、已发的证件以及来沪信息和离沪计划，包括离沪目的和轮船名。大多数表格都附有照片。

最引人注意的就是回答民族这一问题时答案的多样性。公安局将所有申请人归为"俄侨"，但人们填完调查表去公安局申请出境签证时却不同意公安局的归类。这很可能会减慢签证办理速度。但对于很多人而言，自身的民族归属问题绝非表格中的一个单纯的选项。在表格中填写"无民族"的人，不能认定其真的无民族。同理，称自己为"俄罗斯人"的人，未必是俄罗斯族。此外，基于对英文调查表中"nationality"一词的一般理解，许多人填写的实为国籍，而非民族。因此，部分表格中对于"民族"这一栏的回答，体现出的并非民族认同，而是政治认同。侨民中的民族认同和政治认同往往是相等同的，选择这两类中的任意一个都意味着此人是"俄侨"。然而，这种一致性或是对一致性的追求并不是侨民群体所特有的，而是任何一个处于与他者文化对立之中的小民族群体所共有的。

亲历者证实，1899年前，哈尔滨市共有28个民族，"所有俄侨都在同等程度上认为自己是这片严寒荒芜之地的先驱者，共同承受着开发这片土地的艰难，都称自己为'俄罗斯人'"①。中国人眼中的西方文化的载体是外国人。在中国，西方文化和中国文化间的差异，远比俄罗斯人和波兰人、俄罗斯人和格鲁吉亚人、俄罗斯人和犹太人、俄罗斯人和德意志人或是俄国其他民族间的区别要大。因此，身处中国的外国人，与其说是因共同的民族而凝聚为一个团体，不如说是因共同的命运、文化和社会目标而凝聚。

该分析选取了六项指标来刻画每位签证申请者：民族、性别、年龄、出生地、职业类别、家庭状况。每项

---

① Мелихов Г. В. Зарисовки старого Харбина // Проблемы Дальнего Востока. 1990. № 2. С. 137.

指标的含义如下：

民族：签证申请者对表格中相关问题所选择的回答。在这里，"民族"不仅是一种民族认同，更可能是政治认同①。因此必须指出的是，填写表格时对某种民族的选择并不意味着从各侨民团体或委员会中获得援助的可能。这里的团体指的是诸如 1932 年建立的上海市犹太委员会或俄罗斯民族委员会等组织。1935 年，各类白军团体和联盟也加入了俄罗斯民族委员会。

调查表中对民族的界定并未构成本分析框架之内的特殊类别。对"民族"这一问题回答的多样性，体现的是基于生活和心理状态的个体特性而选择自我身份认同模式的可能性。对于"民族"这一问题，表格中提供的选项包括："无民族的土耳其人""依出生地划分的土耳其人""无民族的前立陶宛人""南斯拉夫人"等。

表 1 民族特征的分布

对民族这一问题的回答	占比（%）
俄罗斯人	35
前俄罗斯人	30
俄侨	18

---

① 很遗憾，表格中没有申请者有关宗教信仰的信息，因此宗教信仰指标不在分析范围内。

对民族这一问题的回答	占比（%）
无民族	6
前俄国臣民	5
其他	6

　　只有 18% 的人，其自我认同和外部所提供的认同选项（即俄侨）相符，这意味着填表人未受官方因素的影响，而是自由选择了答案以及表格中所提供的民族选项。中国当局有能力限制申请人按"模板"回答问题，但对民族选择自由设限的不仅有中国当局，在可能广泛存在刻板印象的群体本身中也可能出现类似的限制。评价执行规定的或自愿采取的理想行为模式会以"好"/"不好"、"体面"/"不体面"、"方便"/"不方便"等概念作为标准。在这种情况下，还有"使用俄语"/"不使用俄语"。这种"理想"行为模式可能存在于移民（有附加条件）环境中，但并未严格规定要遵守它们。就像在填写调查表时，不一定赞成公安局的表述一样。各式各样的回答证实了最后一点。某一"民族"的选择，即自我认同，可能会受到特定环境和生活条件、职业、婚姻状况、性别、年龄和出生地的影响。

表 2　性别

男性（%）	女性（%）
50	50

在性别方面表格可以分为几乎等同的两组。

表 3　年龄

年龄组（岁）	占比（%）
17 岁以下	2
18—21	5
22—25	14
26—30	20
31—49	43
50 岁及以上	16

年龄是指自有关材料上的出生日期起、至填表时刻止的年龄。表格被分为几个年龄组，最为年富力强的 26—30 岁和 31—49 岁是各组别中人数最多的。

表 4　出生地

出生地	占比（%）
俄国的欧洲部分	18
西伯利亚	17

续表

出生地	占比（%）
俄国远东（符拉迪沃斯托克除外）	13
波兰和白俄罗斯	7
中国（哈尔滨除外）	7
哈尔滨	6
乌克兰（含敖德萨）	6
符拉迪沃斯托克	5
莫斯科和彼得格勒	4
波罗的海沿岸国家	4
其他	13

表格中所填写的是准确的出生地。在本研究中，我们把部分地区合并为一个组别。

表 5　职业类别

职业类别	占比（%）
服务人员	19
商人	14
无固定职业	13
家庭主妇	9
医疗工作者	9
学生	5

职业类别	占比（%）
自由职业者（演员、画家、音乐家）	5
警察	4
裁缝（女缝工）	3
工人	3
教师	3
农民	2
记者	1
神职人员	1
其他①	9

在这一类别中，申请人同样被划分为几个职业组别。

表 6　家庭状况

家庭状况	占比（%）
独身	56
已婚	40
丧偶	3
离异	1

---

① 例如，建筑师、教练或诸如"司机-办事员-教师"之类的多重职业。

　　将表格通过上述六个类别进行分类，在很大程度上反映了上海俄侨群体的真实社会分工和身份结构。我们将上述六个维度尽可能排列组合，以发现各维度之间可能出现的关联性。共有 15 对组合：

　　　1. 民族/性别；

　　　2. 民族/年龄：

　　　3. 民族/出生地；

　　　4. 民族/职业类别；

　　　5. 民族/家庭状况；

　　　6. 性别/年龄；

　　　7. 性别/出生地；

　　　8. 性别/职业类别；

　　　9. 性别/家庭状况；

　　　10. 年龄/出生地；

　　　11. 年龄/职业类别；

　　　12. 年龄/家庭状况；

　　　13. 出生地/职业类别；

　　　14. 出生地/家庭状况；

　　　15. 职业类别/家庭状况。

在填写表格时，只有"民族"这一问题允许产生不同版本的回答。当然，在"性别"和"出生年"两栏里究竟该填写什么，申请人不会有任何疑问。所以在本研究中，未发现可能存在的自我认同形态，明确"民族"这一维度与其他维度是否有关联性应被摆在首要位置。

表 7　民族/性别

类别	男性（%）	女性（%）
俄罗斯人	53	47
前俄罗斯人	50	50
俄罗侨	50	50
无民族	50	50
前俄国臣民	40	60
其他	50	50

表 8　民族/年龄

类别	年龄组（%）					
	17 岁以下	18—21	22—25	26—30	31—49	50+
俄罗斯人	0	9	23	21	35	12
前俄罗斯人	4	4	14	14	53	11
俄侨	5	0	0	28	45	22
无民族	17	17	0	0	66	0
前俄国臣民	0	0	20	40	0	40
其他	0	0	0	33	34	33

值得注意的是，没有任何"俄罗斯族"的家长称其子女为"俄罗斯人"。例如，于1932年出生在韩国的小科斯佳·科瓦连科（К. Коваленко）（填表之时他五岁）在"民族"一栏中被登记为"俄侨"①。与此同时，拉扬（Н. Райан）在研究中国俄罗斯居民的言语交际时注意到，所有年龄段的人在接受访谈时却习惯称自己为"俄罗斯人"②。

表 9　民族/出生地

出生地	俄罗斯人（%）	前俄罗斯人（%）	俄侨（%）	无民族（%）	其他（%）
俄国的欧洲部分	24	7	27	0	0
西伯利亚	8	25	6	0	0
俄国远东（符拉迪沃斯托克除外）	17	0	27	0	0
波兰和白俄罗斯	4	7	6	0	25
中国（哈尔滨除外）	8	7	0	83	0
哈尔滨	8	11	0		0

---

① ВИА. Ф. 18. Д. 981. Шанхайское Бюро общественной безопасности. Прошения русских эмигрантов о выездных визах. Л. 8487.

② 参见：Райан Н. Россия - Харбин - Австралия. М., 2005.

出生地	俄罗斯人（%）	前俄罗斯人（%）	俄侨（%）	无民族（%）	其他（%）
乌克兰（含敖德萨）	6	11	6	0	0
符拉迪沃斯托克	12	0	6	0	0
莫斯科和彼得格勒	4	4	6	0	0
波罗的海沿岸国家	3	4	5	17	25
其他	6	24	11	0	50

　　"前俄国臣民"并未被纳入本表之中，因为这一类别仅占 5%，且在"出生地"这一维度上的分布意义不大。值得注意的是，从未有任何一个出生在中国的人称自己为"俄侨"。他们会称自己为"俄罗斯人""前俄罗斯人""无民族人士"，但不是"俄侨"。大多数填表人的确是俄罗斯族。几乎所有未入俄国（苏联）国籍的海外俄侨在传统意义上均被称为"侨民"。只有在这一意义下，填表人才是"俄侨"。83%的"无民族人士"出生在中国，另17%来自波罗的海沿岸地区。

表 10　民族/职业类别

职业类别	俄罗斯人（%）	前俄罗斯人（%）	俄侨（%）	无民族（%）	前俄国臣民（%）	其他（%）
服务人员	15	21	10	50	20	0
商人	9	21	8	0	0	50
无固定职业	12	14	10	50	40	0
家庭主妇	15	11	6	0	0	0
医疗工作者	12	4	6	0	20	50
学生	6	6	6	0	20	0
自由职业者	9	0	6	0	0	0
警察	0	11	6	0	0	0
裁缝（女缝工）	0	4	6	0	0	0
工人	6	4	6	0	0	0
教师	6	0	6	0	0	0
农民	1 人	0	6	0	0	0
记者	1 人	0	6	0	0	0
神职人员	0	4	6	0	0	0
其他	10	0	6	0	0	0

表 11　民族/家庭状况

类别	家庭状况（%）			
	独身	已婚	丧偶	离异
俄罗斯人	70	30	0	0
前俄罗斯人	50	46	4	0

续表

类别	家庭状况（%）			
	独身	已婚	丧偶	离异
俄侨	50	34	11	5
无民族	66	34	0	0
前俄国臣民	50	50	0	0
其他	25	75	0	0

　　侨居国外之时，侨民的家庭关系受到了高度重视，很少有人忍心自愿割裂在俄国形成的家庭关系。男性俄侨娶妻并不容易，原因之一便是经济拮据。女性则通常嫁给来自西欧和美国的外国人。在上海结婚要经过公安局审批，绝大多数留存至今的结婚证都是俄罗斯女性同外国人的，这也加快了俄侨同上海欧洲群体的融合进程①。

　　嫁给外国人后，俄罗斯女性依然是俄罗斯文化共同体的一部分②。例如，嫁给西班牙人的俄裔蒙格玛丽夫人

---

　　① ВИА. Ф. 18. Д. 974. Шанхайское Бюро общественной безопасности. Брачные списки иностранцев.

　　② 有关中国东北的俄罗斯女性，参见：Лазарева С. И., Сергеев О.И., Горкавенко Н.Л. Российские женщины в Маньчжурии: Краткий очерк из истории эмиграции. Владивосток. 1996; Лазарева С. И. Роль женщин-эмигранток в общественно-политической жизни Харбина (20-е — сер. 40-х гг. XX в.) // Дальний Восток России—Северо-Восток Китая: исторический опыт взаимодействия и перспективы сотрудничества. Хабаровск, 1998. С. 114–116.

在填表时仍然称自己为俄罗斯人①。与此同时，在"民族"
一栏里填"俄侨"的大多数人为男性。

　　由于家庭关系在俄侨界的地位尤为高，有必要对这
一话题展开更加详尽的阐述。帕尔（Pal J.）在其著作《上
海史诗》中援引了伦敦《每日快报》驻上海记者在 20 世
纪 30 年代的报道，并指出："女性俄罗斯难民事实上造
成了新的远东问题，且这一问题仿佛无人能够解决……
东方的白人女性仿佛永远都不够，俄罗斯女人便迅速迷
住了那些在外国公司驻中国代表处工作的年轻英美男
性。但这些男性与公司签署的合同通常禁止在第一份合
同到期之前结婚。"②

　　如果说在中国俄侨界与其他欧洲民族成员结婚不
仅不会受到消极评价，反而是一种普遍现象的话，那么
与中国人通婚则十分少见。

　　远东侨民问题研究者巴拉什金对此撰写过著作。巴
拉什金指出："在亚洲，白皮肤的人永远都是他者。"③

---

　　① ВИАК. Ф. 18. Д. 981. Шанхайское Бюро общественной
безопасности. Прошения русских эмигрантов о выездных визах.
Л.8425.

　　② Pal J. *Shanghai Saga*. London, 1963. P. 89.

　　③ Балакшин П. Финал в Китае. Возникновение, развитие и
исчезновение Белой эмиграции на Дальнем Востоке. Т. 1–2. Сан-
Франциско, Париж, Нью-Йорк, 1958. С. 10.

与此同时，列瓦科并不赞同巴拉什金的观点。列瓦科写道："这是一场透着爱与乡愁的旅行。的确，我爱中国，我在那里感觉很好。此外，我还爱中国人民……我在中国度过的三十五年里，我一次都没受到排挤和敌视。"[①]列瓦科于 1915 年出生于哈尔滨的一个俄裔犹太商人之家。列瓦科在天津的英租界生活多年，并于 1949 年移民加利福尼亚。很久之后他又去过中国三次（最后一次是在 1992 年）。他的旅行札记组成了《往事之旅》的手稿。确实，如果说在哈尔滨与俄侨打交道的中国人仅为服务人员，那么在天津的俄侨则不得不与本地居民多多交流[②]。

表 12 所援引的统计数据可以使我们很明确地厘清，倾向于持这样或那样自我认同形态的到底是哪类上海俄侨。对特定民族或社会群体的归属仅仅是特定社会心理类型形成的影响因素之一。这些社会心理类型是侨居海外的无地位人群所特有的。

---

① HIA. Coll. Levaco, Benjamin Michael. Box 2. A Trip into the Past. L. 1.

② 参见：Yakobson H. *Crossing Borders: From Revolutionary Russia to China to America*. Memoirs. Hermitage Publishers, 1994.

表 12 20世纪上海的俄罗斯群体

自我认同	性别	年龄	出生地	职业类别	家庭状况
俄罗斯人	男性	31—49	俄国的欧洲部分	服务人员	独身
前俄罗斯人	男性	31—49	西伯利亚	服务人员或商人	独身
俄侨	男性	31—49	俄国的欧洲部分或远东	无职业或杂工	独身
无民族	所有性别	31—49	中国	服务人员	独身
前俄国臣民	女性	50+或26—30	俄国的欧洲部分	家庭主妇	已婚

上海俄侨的社会人口结构无法直接与加利福尼亚的俄侨人口结构相对比，但在具有上述社会心理类型的俄侨从中国移民美国的进程中，他们在特殊条件下形成的特有文化要素也被带到美国，这使得加利福尼亚出现了"有着中国过往的俄侨"团体。在这一团体中，民族自觉的维持机制有着确定特色①。

1917年以前，从俄国逃至美国的往往是革命者、教

---

① 在这种情况下，"保持自我认同"可以理解为有意识或无意识地抵制其他文化的影响。

派信徒等精明强干的人，他们建起了大居民点。第一次
世界大战期间，逃避军役的人也加入了移民的行列。十
月革命后，难民潮从苏俄涌出。私人倡议与俄侨代表大
会无法将俄侨区的人们凝聚起来，在此背景下，出现了
两个互相对立的阵营："布尔什维克党人阵营"和"君主
主义者阵营"。所谓"布尔什维克党人阵营"包括苏俄技
术援助协会的积极分子和苏俄友谊协会的积极分子。苏
俄技术援助协会是在苏俄政府的倡议下于 1918 年建立
的，而苏俄友谊协会则是由美国社会主义党建立的。俄
侨中的君主主义者阵营则团结在《美国消息报》《浪潮》
杂志和《海燕》杂志的周围[①]。在美国的人口普查中，"俄
侨"是指出生地为俄国的人士。美国俄侨区手册编者维
尔纳茨基（Г. Вернадский）指出，在美国的移民问题文
献中，"俄罗斯居民"一栏经常被打上问号，关于美国俄
罗斯人的消息往往是自相矛盾的。据维尔纳茨基评估，
截至 1922 年初，俄罗斯移民自身（即俄罗斯族）的数量
为 36 万人。

　　1917 年十月革命前美国俄罗斯移民史的第一部研
究专著的作者维尔丘尔（М. Вильчур）认为，1905 年前

---

　　① 参见：Русская колония в Соединенных штатах С. А. Издание
Г. Вернадского. Нью-Йорк, 1922. С. 21–27.

美国的俄侨总数共计约 150 万人。但维尔丘尔指出，其中的"主导民族"（即俄罗斯族）总数约 20 万人①。旧金山国际学院关于 1942—1943 年该市俄侨区活动的综述指出，属于东正教信仰的俄罗斯族仅有 2000—3000人②。据 1950 年的评估数据，于 20 世纪 20—40 年代定居旧金山的"白军俄罗斯人"的数量约为 4000 人③。史料研究中有学者试图将从远东迁至旧金山的俄侨群体剥离出来并确定其人数，但收集数据的工作实际上并未完成④。对胡佛学院档案室和旧金山的俄罗斯文化博物馆档案室材料的分析，可以十分可靠地确定两类从中国来到加利福尼亚的俄侨数量，它们分别是大学生和官方登记的难民，其移民均具组织性。必须指出的是，史料研

---

① Вильчур М. В Американском горниле. Из записок иммигранта. Нью-Йорк, 1914. С. 89.

② АМРК. Архив фон Арнольд (Щербаковой). Ящик 165–6. Архив семьи Щербаковой. Russians in San Francisco. January, 1943.

③ Очерк деятельности Объединенного комитета русских национальных организаций в г. Сан-Франциско. 1925–1950 гг. Издание Объединенного комитета русских национальных организаций г. Сан-Франциско. Сан-Франциско, 1950. С. 8.

④ Maxwell R. Post-graduate Work on *Russian Immigrants from the Far East to San Francisco, 1921–1923*. Berkeley, 1972.

究中并未见到公认的远东和美国俄侨区统计数字汇编。

　　在那一时期，由于俄罗斯学校数量的缩减，美国的俄罗斯居民开启了年轻俄侨的"去民族化"进程①。这一论断同样适用于加利福尼亚的俄侨，尽管他们努力将其子女培养成掌握俄语、熟悉俄罗斯文学与俄罗斯精神生活的"美国好公民"。俄侨子女去的是美国学校，且确实成长为"美国好公民"，但往往不将俄语和俄罗斯价值观体系视作"自己的"。社会化进程是在美国学校教育体系的框架下实施的，这一点导致了部分家庭内出现了冲突，因为这些家庭的父母试图向其子女证明，他们是俄罗斯人，"与别人不一样"。一名九岁俄罗斯儿童的父亲在与戴访谈时讲到，有一次他带着儿子去电影院看一部战争题材的电影，屏幕上一出现美国国旗，儿子就兴高采烈地拍起手。父亲曾试图提醒孩子他首先是俄罗斯人，而儿子却回答"只有周六我才是俄罗斯人"（周六需要去教会下设的主日学校上课）②。美国的现实生活要比每月一

---

　　① HIA. Coll. Bogoiavlenskii, Nikolai Vasil'evich. 1 folder.

　　② Day G. M. *The Russians in Hollywood. A Study in Culture Conflict*. Los Angeles, 1934.—PP. 71–73.

次的"俄罗斯性"的课程有更大的影响力①。《加利福尼亚的俄侨》杂志刊载了一个旧金山女性图利诺娃（M. Тулинова）的故事，内容是关于 1923 年赴俄罗斯农场的一次旅行。那天晚上，农场中安排了晚会，聚集了很多年轻人，他们都说英语。

> 我问站在门旁边的那个年轻人："你们为什么不说俄语呢？"
>
> "俄语有什么好的？说英语更好。"
>
> "学俄语啊，学啊，"老人们开始说道，"年轻人完全和我们脱节了，甚至不想说母语。"
>
> "你们是俄罗斯人，那你们就说俄语好了。但我们是美国人，不想说其他语言，"一个年轻人粗鲁又断然地答道。
>
> "别听他的，他一时糊涂说了蠢话，"其他

---

① 俄罗斯各宗派信徒并没有相互融合和相互适应。加利福尼亚州有了不同宗派信徒的聚居区，包括旧教派、莫洛坎和普雷共。尽管很多人是从中国移民到美国，但这些教派的历史是一个非常特殊的话题，因为俄罗斯教徒并没有积极参与到侨民的社会生活，而是生活在一个几乎与外部文化隔绝的集体中。参见：Hardwick S. W. *Russian Refugee: Religion, Migration, and Settlement on the North American Pacific Rim*. The University of Chicago Press. Chicago and London, 1993.

的年轻人对我说道，"我们之间说英语是因为
这样更容易，在学校和工作中已经习惯了说英
语。我们要是说俄语的话，其他美国人听不懂。
但是和父母我们依然说俄语。"

"你们要是说英语的话，我们中又有哪个
人能听得懂呢？"有家长说道，"你们这样就是
为了不让我们听懂你们在说什么。"

年轻人们大笑了起来。①

中国的俄侨对周围世界的理解是基于东西方文化
的对立立场。俄侨群体在中国形成的对"他者"文化的
高度抵触性也是加利福尼亚俄侨区所特有的。大部分来
自中国的俄侨都定居在加利福尼亚，同时在旧金山和邻
近的海湾地区直到现在依然密集生活着来自中国的俄侨
群体及其后代。

移民的过程中，地理因素发挥了重要的作用，因为
从远东走海运抵达的是美国太平洋沿岸的港口城市：西
雅图、旧金山和洛杉矶。来自中国的俄侨乘轮船从符拉
迪沃斯托克、上海和香港出发，经由日本和菲律宾中转，

---

① Тулинова М. Два дня на фарме [орфография сохранена] –
сбор винограда // Русские в Калифорнии. 1935. № 2. С. 16.

大部分俄侨都定居在港口城市。俄侨移民潮涌向加利福尼亚还受到文化历史层面的影响。俄侨在加利福尼亚州定居的历史可追溯到 19 世纪①。为向阿拉斯加居民提供粮食，所谓美洲的俄罗斯统治者助手库斯科夫（И. А. Кусков）于 1812 年建立了罗斯堡殖民地②。在其存在的三十年间，殖民地并未对该地区的文化和经济发展产生过重大影响，但在 20 世纪，罗斯堡成为俄罗斯正教会（5 月 30 日）和美国正教会（7 月 4 日）神职人员和教民一年一度的朝圣地。美国俄侨致力于确立与其他美国公民相同的历史合法性。1979 年，美国俄侨大会西佛罗里达代表索科尔斯基（А. А. Сокольский）证实，佛罗里达州的圣彼得堡市是由俄罗斯殖民者彼得·捷门季耶夫（П. Дементьев）建立的，其纪念碑也建在那里。《俄裔美国人》杂志将这一事件定性为"……对全美俄侨具有重要意义的胜利"③。

20 世纪 20—30 年代，俄罗斯开始在加利福尼亚州建立新俄侨区。在这一时期，俄侨在美国有"自己的"

---

① 参见：Федорова С.Г. Русское население Аляски и Калифорнии (конец XVIII в.—1876 гг.). М., 1971.

② 参见：Чистякова Е.В. Русские страницы Америки. М., 1993. С. 65–76.

③ Русский Американец, 1995. Обзорный вып. 20. С. 144.

（俄罗斯的）历史过往必然会促进其社会文化适应。从某种意义上说，加利福尼亚州俄侨的"权利"因州地图上的俄式地名和水名而得以巩固：它们使用了俄罗斯山川和河流等的名称。第一批俄罗斯殖民者在19世纪来到加利福尼亚州定居，这在适应过程中发挥了重要作用。这一点也同样适用于早在1917年革命前就来到南美洲的俄侨[1]。

　　20世纪90年代末仍有自动或学生时期就从中国或经过澳大利亚、巴西、委内瑞拉、巴拉圭等国家中转来到旧金山或湾区周边城镇的俄侨。我们邀请了数十位自华赴美的俄侨参与一项问卷调查，以此来确定该侨民群体的民族自我认同特征。所有受访者的父母都是俄罗斯国籍。本次问卷调查（1996年）受访者的平均年龄约为70岁，男女比例均等。他们接受过高等教育，其中有哈尔滨工业大学、加利福尼亚大学伯克利分校等中美高等学府的毕业生。退休前，他们大多数都是工程师或商人。除了两名受访者外，其他人都拥有自己的房产。按照美国标准，他们处于中等生活水平。问卷中涉及关于俄语

---

① 参见：Королев Н.В. Страны Южной Америки и Россия (1890–1917). Кишинев, 1972; Стрелко А.А. Славянское население в странах Латинской Америки. Киев, 1980.

掌握程度和俄语日常使用范围等一系列问题，来确定受访者的价值取向①。

　　所有受访者都将俄语看作母语，因为他们在家中用俄语交流。这一群体的特点是高度自我评价：每个人都认为自己不仅能说一口流利的俄语，还能读写俄语。当问及有子孙的受访者对后代与其他民族结婚的态度时，没有人要求必须与俄罗斯人结婚，也不反对与美国人结婚。而在日常文化行为方面，他们会吃俄餐、遵守东正教礼仪和庆祝俄罗斯节日。每个家庭至少每两周吃一次俄餐。同时，不喜欢美式快餐的人喜欢光顾中餐馆。所有受访者都表示自己和家人信奉东正教，他们会庆祝宗教节日，遵守俄罗斯婚葬礼节。

　　侨民的民族自我意识主要表现为对本民族文化活动的认知。问卷通过要求受访者列举几位俄罗斯、美国和中国文化的杰出代表人物，依此确定他们对现代美国文化的融入度以及对中国文化的兴趣。所有人都提到了罗蒙诺索夫、普希金、柴可夫斯基，以及俄裔美国科学家西科斯基（И.И. Сикорский）和兹沃雷金（В. К. Зворыкин），而对美国作家没有太多关注。没有人能答出

---

① 参见：Пименов В.В. Удмурты. Опыт компонентного анализа этноса. Л., 1977. С. 95.

自己所熟知的中国文化代表人物，但大多数人都知道中国历史学家、上海俄侨研究者汪之成。问卷还通过让受访者说出他们眼中的俄罗斯重大历史事件来识别民族认同。他们认为，罗斯受洗、鞑靼-蒙古人桎梏、1945 年苏联红军解放哈尔滨、1917 年十月革命和 1991 年苏联解体是俄罗斯历史上的重大事件。

大多数受访者表示，他们会尽量不错过每一场俄罗斯艺术家的演出，但此类演出极少，大家都会密切关注俄罗斯媒体有关即将举行的巡演的报道。没有人观看俄语电视节目，但大家都会订阅在旧金山发行的《俄罗斯生活》报，并定期阅读有关俄罗斯政治和经济形势的文章。所有受访者的家中都会将俄罗斯的手工艺品、餐具和玩具作为装饰，书架上会摆放俄罗斯作家的作品、俄罗斯老唱片、俄罗斯纪念品和中国瓷器书画等。

受访者根据西方标准对旧金山以及湾区的俄罗斯民族文化发展前景进行了评估（大多数评价为"良好"）；并谈及了美国原住民对俄侨的态度，以及俄罗斯民族文化社会活动在美国的优先发展方向。结果表明，受访者们并没有感觉自己是特殊的存在。与此同时，这一群体具有稳定的自我认同——"有中国过往的美国俄侨"。

该群体成员会基于相同的命运来结交朋友，而往往也会根据这一点来组建家庭。所有受访者都表示，他们最亲近的俄罗斯和美国朋友都是"中国通联合会"（Old China Hands Reunion）的成员，它将二战时期在中国生活的欧美人联合在了一起。根据我们的观察，只有在中国俄侨相聚在一起的情况下，才会有群体的信任与沟通。东正教教堂是俄侨所在居住地的主要交流场所。中国俄侨在旧金山周边的门洛帕克镇（Menlo Park）教堂里成立了发挥妇女委员会和社团职能的姐妹会。仅有一位受访者在赴美后访问过中国，其故地重游的目的是想带着在美国高校中文系就读的孙女看看中国。尽管所有受访者都出生在中国，但许多人指出，他们从未把中国视作自己的祖国，也不认可美国移民局所采用的根据出生地确定国籍的方式。除受到文化心理制约外，甚至在办理手续时，他们也不愿将自己归为中国人，这还与20世纪20—50年代美国移民政策的实际影响有关。在中国的过往成为他们重要的共同因素，并塑造了赴美中国俄侨的民族心理状态①。

---

① 有关民族心理状态，参见：Стефаненко Т.Г., Шлягина Е.И., Еникополов С.Н. Методы этнопсихологического исследования. М., 1993.

第二章

美国移民法变更背景下美国俄侨对其中国俄侨同胞的援助

20 世纪 20—30 年代，旧金山形成了美国俄侨联合运动的中心。这种团结进程很大程度上是在中国俄侨援助项目的背景下开启的，这也很自然地促使俄侨移民潮从中国涌向加利福尼亚[①]。对于加利福尼亚的俄侨而言，其联合进程的特点之一在于，大部分俄侨建立的团体和委员会都未提出其政治主张，将维系自身文化与俄罗斯性、在物质方面互相援助视为自身的首要任务。联合进程的这种特点在侨居中国时期就已形成。

俄侨从中国迁至美国时，受哈尔滨和上海特殊生活

---

① 参见：Мелихов Г. В. Современная литература об общественных организациях помощи российским беженцам в Шанхае (1920-е годы) // Социально-экономическая адаптация русских эмигрантов (конец XIX -XX вв.). М., 1999. С. 44—54.

条件影响而产生的行为模式也被带入美国的文化空间之中。最初的加利福尼亚俄侨组织并没有官方性质，美国官方并未将各类俄侨团体和委员会视作俄侨的合法代表机构。

20 世纪 20 年代，美国移民政策愈发严格，着力限制移民涌入数量的增长。这一点也使中国俄侨赴美愈发困难。1924 年 5 月，美国国会通过了"族裔法令"，即通常所说的 1924 年《移民法》①。对于每一个民族群体而言，每年入境美国的限额不得高于美国人口总数的 2%，且美国人口总数是基于 1890 年人口普查的数据。这种限额计算方式使各民族年入境人数缩减至 15.4 万人以下。由于大部分俄侨都是在 1922 年以后赴美，不可能被算入 1890 年人口普查的美国人口总基数，因而俄侨的移民限额被限制在了极低的水平。《移民法》将来自中国的移民限额特别规定为 100 人，这是为出生在中国的欧洲人特别预留的，且再一次严格限制中国本土人员入境美国。《移民法》对移民的民族给出了新的界定。移民的民族依据其出生国而确定，而国家则指的是那些在 1890 年美国人口普查中将该国人计为单独一行的国家实体。

---

① Immigration and Nationality Laws and Regulations. As of March 1, 1944. Washington, 1944.

对于 21 岁以下的移民子女，其民族依据陪同其一起入境美国的那方家长的民族来确定。若子女在父母双方的共同陪同下入境美国，那么子女的民族依据其父亲的民族来确定。若妻子的民族与其丈夫的民族不同，且妻子所在民族的移民限额在当月已用完，那么妻子的民族可以按照其丈夫的出生国民族来划定，前提是其丈夫出生国的移民配额在当月并未完全用完。对于出生在美国、但因一些原因失去美国国籍的人士，他们获取移民签证的手续与出生在相应国家且递交移民申请时也是该国公民的人士相同，即按照划拨给这些国家的配额来办理。如果上述人士无任何国籍，那么其民族按照其提出赴美申请时的所在国来划定①。

　　与此同时，为援助留在伪满州国的俄侨，加利福尼亚展开了筹资活动。这种援助的典型案例就是旧金山俄侨媒体展开的对在中国经受贫困的赛连富的支持行动。赛连富于 1882 年出生于伊尔库茨克省维尔霍连斯基县兹那缅斯科耶村的一个农民之家。赛连富曾在圣彼得堡读书，还曾担任帝国俄罗斯地理学会东西伯利亚分部《消息报》的记者，1911—1912 年参加勘察，1913—1915 年

---

① Immigration and Nationality Laws and Regulations. As of March 1, 1944. Washington, 1944, P. 50.

任伊尔库茨克城市杜马的秘书，自 1915 年，起任帝国俄罗斯地理学会东西伯利亚分部主任。1918 年赛连富担任鄂木斯克西伯利亚临时政府物资部部长，自 1918 年 8月起任西伯利亚临时政府小部长会议主席。1920 年 1月，红军进驻伊尔库茨克后，赛连富逃往哈尔滨，并以"老哈尔滨人"的笔名在《俄罗斯之声》报纸上发表文章。1922 年，他在天津开展书籍贸易。1927 年，他将企业出售并打算移民捷克斯洛伐克，但因患重病而留在中国。赛连富因著有一系列关于中国经济、历史和文化以及远东俄侨的著作而闻名①。在赛连富诸多档案文件集中有一份机打手稿《伟大的出逃——俄罗斯白军在亚洲的离散（1919—1923）》。赛连富在俄侨期刊上发表的文章使用了其手稿的材料和部分片段。赛连富《中国的俄侨》一书第十六章中完整的两节和《中国东北俄侨》一书被我们所引用并发表在《克里奥》杂志上②。赛连富将俄侨分为"中国东北地区俄侨"和"关内地区俄侨"两部分。

---

① 2006 年开始在《胡佛塔的俄罗斯宝藏》发表连载日记，参见：Китай и русская эмиграция в дневниках И.И. и А.Н. Серебренниковых. 1919–1934. Т.1. М. Стэнфорд, 2006.（本书参考一手档案资料）。

② 俄罗斯历史学家未公开作品。И. И. Серебренников. Великий отход. Рассеяние по Азии белых русских армий. 1919–1923 гг. // Клио. № 2. 1997. С. 37–40.

考虑到中国东北当时的特殊状况以及中国俄侨发展史上中国东北的特殊作用，这种分类是有依据的。

援助饱受苦难的中国俄侨同胞这一主题受到了美国俄侨期刊的关注。例如，记者娜杰日达・拉夫罗娃（Н. Лаврова）作为中国东北俄侨援助运动的积极分子于1932年写道："一美分您可以买到什么？稍经讨价还价，您可以买一杯加糖的茶或者是为身处遥远哈尔滨的俄罗斯难民支付在阅览室过夜的费用。只要四美分，您便可以给俄罗斯难民买一顿肉菜，外加茶点。如果您慷慨到可以花费六美分这样的巨款，您便可以为饥肠辘辘的俄侨买一顿烹饪精良的、有两道菜的午餐，当然也包括如生命一般重要的一杯茶。这一点我们是从哈尔滨难民援助委员会美国分会主席博尔佐夫在美国俄罗斯媒体上的发表得知的。互助精神是旧金山及湾区俄侨所特有的。他们正筹集资金以援助那些被抛弃至半个地球远的中国东北同胞。"[①]

拉夫罗娃也是从中国来到美国的。1919—1921年，她在哈尔滨的《俄罗斯日报》和《哈尔滨柴拉报》发表

---

① 俄罗斯历史学家未公开作品。И. И. Серебренников. Великий отход. Рассеяние по Азии белых русских армий. 1919–1923 гг. // Клио. № 2. 1997, Box 3.

作品，1922 年 8 月在青年人基督教联盟的协助下迁至旧金山，1928 年获美国国籍。值得注意的是，档案卷宗里保存的美国中情局财政文件显示，1948 年拉夫罗娃因提供未注明的服务而得到了 4149 美元的支付款项①。

　　1933 年以前，独立于苏联政府的、由俄侨建立以满足自身需求的公益性领事援助点（领事处）依然在旧金山继续运营着，兰杰泽恩积极领导着援助在华俄侨的工作。基于自身在中国和日本的多年外交工作经验，他自愿担任起了驻旧金山俄罗斯领事代表的职责，且不收取任何酬劳。例如，1927 年中东铁路商务局前主任之女莉季娅·克罗格请求兰杰泽恩帮助自己在第三国找工作，因为她只有入境美国的临时签证，且坚决不想返回中国。兰杰泽恩便致信俄罗斯驻阿根廷前外交代表团，请求帮助莉季娅·克罗格在布宜诺斯艾利斯的一家美国公司找到工作，结果真的办到了②。到 1929 年前后，随着美国移民立法的发展，扩大驱逐出境人员的范围这一趋势愈发鲜明。在这一背景下，旧金山俄罗斯"领事处"的活

---

① HIA. Coll. Shapiro, Nadia L. (Nadia Lavrova). Box 1. Central Intelligence Agency. Notification of Personnel Action (1948). Box 3, 1 folder. Records of US Government Service and Related Materials.

② HIA. Coll. Landesen, Arthur. Box 1. Корреспонденция консульского отдела.

动十分重要。21 世纪初的美国移民政策与 20 世纪 30—40 年代的移民法相似。《公共安全法令》（1941 年）规定，禁止向移民部门认为其活动危害美国国家安全的人士颁发签证；《登记法令》（1929 年）和《外国侨民登记法案》（《史密斯法》，1940 年）规定，应采集所有入境移民的指纹，以便日后决定将其驱逐出境时能简化搜寻难度。《1937 年法令》的颁布使美国司法部有权驱逐与美国公民假结婚的人以及靠与美国公民结婚意向获得移民签证但却未履行自身义务的外国人。

《国籍法》（1940 年）将此前颁布的法律及法令整合，明确了"国籍""取得国籍""剥夺国籍"的概念。中国人赴美移民依然受到《中美续修条约》（1880 年签署，1881 年美国总统批准）的管控①。1943 年通过的所谓《麦诺森法案》规定，向中国人提供 105 个特殊移民配额，并向出生于中国的非中国人额外提供 100 个移民配额。根据该法案，对于任何移民而言，父母中有一方为中国人的即被视作中国人。

1934 年，在同情俄罗斯难民的参众两院议员的帮助下，联合委员会成功游说美国国会通过《白军俄侨法》，

---

① Immigration and Nationality Laws and Regulations. As of March 1, 1944. Washington, 1944. PP. 202–203.

将 1924 年后持临时签证入境美国或非法入境美国的俄侨合法化。自此之后，加利福尼亚的各俄罗斯民族组织的首要任务便成了为希望移民美国的中国俄侨提供邀请函和资金保证。在联合委员会的帮助下，俄侨移民美国时会取得"白军俄侨"的地位，在法律层面上等同于难民地位。

1941—1945 年，由于太平洋地区战争的爆发，从中国移民美国已无可能。直到第二次世界大战结束之时，也未见俄侨团体从中国迁移至美国的记录。此外，由于美国与日本处于战争状态，而日本在那时又控制着俄侨所生活着的那些中国城市，加利福尼亚俄侨与其中国同胞的邮件往来与转账汇款也中断了。第二次世界大战不仅给俄侨从中国的迁出按下了暂停键，还中断了中国与加利福尼亚俄侨区之间的信息交流。但战争结束后，一切又立即重启。第二次世界大战结束后通过了几部在移民法实际执行方面具有重要意义的法令。移民立法的基础并未改变，依然是基于 1924 年的移民法案，只是新增了《军人婚姻法》（1945 年）和《战争新娘法》（1946 年），使得战争期间与美国公民结婚的约 12.3 万外国人取得了美国签证。

1945 年 12 月 22 日，美国总统颁布特别总统令，此前的战俘以及难民被归为"移动人口"的特殊类别，其中大部分都应被遣返，具体实施方式可以是自愿离开，也可以是强制遣返①。对身处欧洲的苏联公民的强制遣返一直持续到 1947 年初。

　　1946 年 2 月 18 日召开的联合国特别小组委员会会议上，中方代表首次提出关于联合国在远东作战行动的汇报的问题，并指出适用于前敌对国领土的第 71 号决议未在远东地区产生效力，且联合国不应该为远东类似地区的迁移人口提供援助②。与联合国所实施的援助难民人道主义纲要不同的是，美国的难民纲要旨在解决自身的经济问题。1947 年，美国移民政策国家委员会向国会提交了一份移民问题特别报告。报告指出，美国人口出生率下降，且出生率落后于欧洲国家。为此，报告建议，将吸引移民作为保证必要的人口增速的工具之一。

---

　　① 参见：The Problem of the Displaced Persons. Report of the Survey Committee on Displaced Persons of the American Council of Voluntary Agencies for Foreign Service. June, 1946.

　　② United Nations Relief and Rehabilitation Administration. The Central Committee of the Council. Documents of the Special Subcommittee on Resolution 71. Minutes of the Second Meeting. New York, 1946. P. 6.

年接收 30 万移民这一数字被认定为适合的①。

1948 年，美国国务院研究了迁移人口的问题，并编写了迁移人口的民族与职业分布综述。基于美国劳动力市场的容量，国务院提议为 60 万名迁移人口发放移民签证②。1948 年 6 月 25 日，美国国会通过《弗格森-斯泰顿法案》，又名《流散人员法令》或《1948 年法令》，规定为 34.1 万名难民发放移民签证。在流散人员特殊配额的框架下，多达 30%的签证都拟颁发给那些能在农业领域发挥作用的人。第二大签证授予对象为建筑工人和技术专家。

为取得签证，难民应持有美国公民或公民团体出具的担保，以证明：第一，该难民将被提供工作岗位，且规定为难民提供工作岗位时不应将美国公民辞退；第二，难民及其家人会得到住房保障，且同时不得损害任何美国公民的利益③。担保往往是以书面证明的形式做出的，以保证该美国居民（不一定是公民）支持难民同时有能

---

① Immigration and Population Policy. National Committee on Immigration Policy. New York, 1947. P. 49.

② 参见：United States Department of State. Some Aspects of the Displaced Persons Problem. April 7, 1948.

③ Kansas S. *Immigration and Nationality Act. And Annotated with Rules and Regulations*. New York, 1953. P. 662.

力担任资助人。做担保时往往需要宣誓，且并不存在统
一的担保格式，相关担保书由资助者自己撰写，且应包
含以下信息：资助者的收入；收入来源；家庭物质状况；
资助者对第三方的义务；接收与援助难民的计划；同意
应移民归化局的要求进行抵押，以保证难民不会向国家
寻求资金援助①。

　　1950 年，美国国会通过《国内安全法》。根据该法
案，大量不久前迁入美国的移民将被驱逐至任何同意接
收他们的国家，被驱逐人士会受到肉体惩罚的国家除外。
从中国自发迁至美国且未受到难民组织援助的俄侨被移
民归化局驱逐出境。

　　欧洲实施的强制遣返政策引起了俄侨的抗议。1945
年，美国纽约成立了一个特殊的组织，其目标为援助那
些因战争原因置身国外，但却不想返回苏联的俄侨。该
组织名为"俄美保护和援助海外俄侨联盟"（保护联盟）。
保护联盟的领导人为别洛谢里斯基-别洛泽尔斯基（C. C.
Белосельский- Белозерский）。该组织有四个工作方向：
对强制遣返俄罗斯难民发起抗议，促使难民合法化，对
难民进行物质、法律和精神支持，促进难民在各国定居。

---

　　① 此类担保范本参见：Wasserman J. *Immigration Law and Practice*. Philadelphia, 1961. PP. 94-95.

　　1945 年，保护联盟的分部在旧金山开设，主席为 B.H.博尔佐夫，其父 H.B.博尔佐夫曾任哈尔滨市中东铁路商业学校校长，在援助在华俄侨方面发挥了特殊作用。自 1947 年起，保护联盟旧金山分部聚焦将俄罗斯难民从中国撤出的问题，其从事的工作是加利福尼亚俄侨组织所常见的。1948 年，B.H.博尔佐夫写道："……最近一段时间特别忙，因为正埋头于对拯救在华俄罗斯难民的宣传。几乎每个晚上都要做报告，或是在会议及集会上致辞，或是寻找机会同有影响力的人士见面。有几周我完全不在家中，回去只是睡觉。我承认，其他的一切目前对我而言都已是次要，我只有一个想法和目标，那就是帮助中国的俄侨。我也承认，在这一方向上，我们做了很多，且有所成就。我们鼓动了俄侨区，我们成功取得了一系列大型美国组织的支持。即便是我们的各'城市之父'都已开始讨论，如何援助在华的军人俄侨。"①

　　B.H.博尔佐夫信中提到的是 1948 年 12 月 15 日在

---

　　① 援引自 Автономов Н. П. Обзор деятельности Сан-Францисского Отдела Русско-Американского Союза защиты и помощи русским вне России. Сан-Франциско, 1970. C. 74.

旧金山举行的城市监管员理事会会议。会上讨论了麦克菲提交的关于援助军人俄侨的决议案，建议将军人俄侨列入流散人员的范畴，将其以移民的身份从中国运往美国。会议还邀请了旧金山市内各俄侨组织的代表，会议受到了《新朝霞》《俄罗斯生活》《我们的时代》等报纸为代表的俄侨媒体的广泛报道。麦克菲的决议案中提到，旧金山市从建立之初就与中国有着密切的联系，考虑到上海和哈尔滨的许多俄侨在旧金山有亲属，旧金山市民也就自然有意愿向居住在中国的俄侨提供援助，而保护旧金山市民的利益也是理事会的义务之一。麦克菲认为，援助应该以以下几种形式之一进行：美国总统颁布特别指令；将 1948 年《流散人员法令》的效力扩展到在中国的俄侨身上；通过新的难民法；甚至可以通过美国武装力量将在华俄侨疏散至安全地点。

1949 年 1 月，同样是在 B.H.博尔佐夫的主持下，旧金山召开了俄罗斯民族大会会议，几乎全部加利福尼亚的俄侨宗教组织、民族组织、社会组织和慈善组织代表都出席了会议。出席会议的还有旧金山国际学院领导和美国教会联合会代表。我们在旧金山的 B.H.博尔佐夫档案中发现了东正教运动机构"观察"的简报，该简报作为手稿在凯勒伯（澳大利亚）出版，其中也讲述了 1949 年旧金山的俄罗斯民族大会的事宜①。大会决定向杜鲁门总统致电报，请求其将俄侨从中国运出，并呼吁美国的俄侨加入援助流散人员的特别基金的建立，为安置迁入的俄侨购买专门房屋提供协助，并帮忙出具担保书，因为这是俄罗斯难民欲取得美国移民签证所必需的。

在同情俄侨的立法人员的帮助下，B.H.博尔佐夫及其他俄罗斯民族运动积极分子成功促使美国政府通过决议，动用国际难民组织来将中国俄侨疏散至安全地点，后续再将《1948 年法令》的效力扩大至俄侨上。国际难民组织向全球各国发出了接收上海难民的呼吁。菲律宾是唯一一个同意接收 6000 名难民的国家，但条件是抵达菲律宾的某一岛后，他们应在四个月内被疏散至其他地方。

1949 年，上海共有约 1.3 万欧洲人，大部分上海欧洲人都属于"从纳粹占领区中逃出的欧洲难民"这一类别。其中 4500—6000 人为"白军俄侨"，大多数为从苏俄前往中国的人的子孙后代。与此同时，在中国及其他

---

① АМРК. Архив В. Н. Борзова. Ящик 146–5. Обозрение.

国家的俄罗斯居民中，亲苏倾向越来越普遍。在诸多俄侨的眼中，苏联成了俄罗斯国家性的载体。例如，早在1940年初，《阿根廷俄侨》报就刊载了有关苏联与芬兰间的战争和"俄罗斯武器"获胜的材料。第二次世界大战期间，尤其是1944年，该报标题中饱含对苏军胜利的骄傲，且大多数文章将苏军称为"俄军"，苏军士兵也被称为"斯拉夫战士"，报中还刊印了斯大林的肖像①。

与此同时，对于日本在其占领区建立的政权，中国的俄侨组织持"合作"立场。美日战争爆发后，青岛的所有日本敌对国（美国、英国和澳大利亚）的公民都被关入集中营，而俄侨却未遭迫害②。当时天津总人口约200万，其中约2000名俄侨③。1937年，天津沦陷。1941年，天津的外国租界同样沦陷。日本人招纳俄侨在其市政部门工作，且允许俄侨俱乐部的运营。但总体而言，天津的俄罗斯居民持亲苏态度。

1948—1949年，国际难民组织从中国共疏散1.1万名欧洲人，其中有约6000名"军人俄侨"：约1000名为

① 参见：Русский в Аргентине, 1940–1944.

② Циндао в конце Второй Мировой войны (1944–1945 гг.) // Русские в Китае (1898–1995). 1995. № 2.

③ Тяньцзин в дни окончания Второй Мировой войны // Русские в Китае (1898–1995). 1995. № 2.

早已来到上海的居民，约 5000 名为从中国北部逃到上
海的居民。国际难民组织的数据显示，约 5500 名难民被
疏散至菲律宾图巴宝岛的前美国海军基地，其余人则被
疏散至拉美国家，并与这些国家签署了相关协议①。据
阿夫托诺莫夫估测，从中国迁往图巴宝岛的俄侨共有
3542 人②。

　　1949 年 1 月，国际难民组织高级官员霍纠（Дж.
Хоагью Мл.）抵达上海并得出结论：大部分难民都掌握
英语，接受过良好的教育，并有着高水平的职业技能。
在上海俄侨中有 326 名农民，113 名工程师，119 名木
匠，25 名医生和外科医生助理，20 名牙科医师和 133 名
护士。调查对象中共有 509 名有家庭的儿童和 82 名孤
儿院的小孩。圣季洪·扎顿斯基孤儿院全盘从上海疏散
至图巴宝岛。该孤儿院于 1938 年由上海约翰主教建立，
上海约翰主教担任该孤儿院的名誉监护人以及实际领导
人。该孤儿院的合唱团每天都会在上海的圣母大教堂早

---

① International Refugee Organization. Report of the Director
General to the General Council of The International Refugee
Organization. 1 July, 1948–30 June, 1949. IRO. Palais Wilson. Geneva,
Switzerland. P. 45–47.

② Автономов Н.П. Обзор деятельности Сан-Францисского
Отдела Русско-Американского Союза защиты и помощи русским
вне России. Сан-Франциско, 1970. С. 45.

祷上演唱。从上海疏散前，孤儿院中接受教育的共有 72
名儿童，但只有 31 人疏散至图巴宝岛，其中男孩 21 人，
女孩 10 人，年龄为 7—18 岁。其他孩子或是随父母疏
散，或是留在了中国。随孤儿院赴菲律宾的还有以沙赫
玛托娃为首的六名教师。在英国人的协助下，1940 年，
孤儿院在上海买下了自己的建筑，得到了安置。在图巴
宝岛难民营中，孤儿院的生活还是以上海时期确立起来
的秩序进行：早 6 点号声响起，一天开始；祷告后是早
餐，然后上课到下午 2 点。在孤儿院学校和在图巴宝岛
上组织起来的圣约翰先驱中学中学习的不仅有孤儿院的
孩子，还有难民营中其他俄罗斯居民的孩子。疏散至图
巴宝岛前，孤儿院的教学工作由妇女委员会负责。委员
会主任布茨卡娅即便是从上海迁至香港后，也继续筹集
资金，并向图巴宝岛的孤儿院寄送衣物和食品①。参照布
茨卡娅的范例，旧金山也组织起了圣季洪·扎顿斯基孤
儿院援助委员会。为孤儿院筹集资金的活动在该市的东
正教堂中进行。

　　在接受《旧金山纪事报》华盛顿记者采访时，霍纠
指出，上海的许多难民在旧金山和美国太平洋沿岸的其

---

　　① АМРК. Архив В. Н. Борзова. Ящик 146–5. Брошюра «Приют
Св. Тихона Задонского на о. Тубабао».

他城市都有亲属。在一系列因素的作用下，对大部分难民而言，最理想的方向便是美国①。1949 年 11 月，对俄罗斯难民持好感的加利福尼亚州上议员诺兰德（Y. Ноуланд）访问了图巴宝岛的难民营。早在俄侨从上海撤出之前，他就已经从事中国俄侨问题研究了。难民声称，他们唯一获救的希望就寄托在了加利福尼亚俄侨同胞的身上②。1950 年，美国国会通过法案，将《流散人员法令》的效力扩展到从中国疏散至图巴宝岛的难民之上。

哈尔德维克的专著援引了 1948 年至 1949 年几个事件亲历者的回忆："1948 年，我们离开了所生活的中国村庄……我们乘火车前往上海。我还记得我们以及孩子们是很害怕的。而当我们抵达那里时，发现美国人并不想放我们进入他们的国家。长久的等待后，我们被用一艘大船运往图巴宝岛。这个岛屿变成了一个非常俄式的岛屿，我们在那里度过了约一年的时光。我们建设了俄罗斯教堂，而自己则生活在茅舍之中。最终，很多人已厌倦了等待，并动身前往南美洲或是澳大利亚。1950 年之

---

① The San Francisco Chronicle, 1949, January 12.

② Tripp M. W. Russian Routes: Origins and Development of the Ethnic Community in San-Francisco. San-Francisco, California, 1980. M. A. Thesis, Berkeley, UCB, 1980. P. 109.

前，我的家人一直都留在岛上，后来我们终于被允许前往美国。"①

当美国国会还在研究是否要将《流散人员法案》的效力扩展到中国难民之上，使大多数身处菲律宾的俄侨能够移民美国时，国际难民组织正继续寻找机会推动难民从中国迁往其他国家。在这一问题上，迁往巴西引起了人们最为浓厚的兴趣，因为正是这一国家成为俄侨从中国迁至美国的一个重要"台阶"②。俄侨从中国迁往美国不仅经停澳大利亚、巴西和委内瑞拉，还有苏联，这些案例也广为人知③。取道巴西向美国的迁移有人员规模大的特点，这个国家从一开始就被菲律宾的许多俄侨视为通向美国的中转站。巴西政府成员罗博（Г. Лобо）关于该国拓荒前景的建议、已迁到巴西的俄侨发来的有利消息——这一切都促使俄侨组织详细了解移民巴西的各类问题，并向俄侨通报向那里移民被接收的机会。1948

---

① 援引自 Hardwick S. W. *Russian Refugee: Religion, Migration, and Settlement on the North American Pacific Rim.* The University of Chicago Press. Chicago and London, 1993. P. 112.

② 参见：Владимирская Т. Л. Проблемы адаптации российских эмигрантов в странах Латинской Америки // История российского зарубежья. Проблемы адаптации мигрантов в XIX–XX веках.— М.,1996.—С. 152–162.

③ Дзгоев А. 3413 дней...// Русская жизнь, 1994–1995.

年，巴西接纳了流散人员，希望其中的 75%能务农，另
25%担任杂工、熟练工人和技术人员。迁入人口的年龄
不应超过 50 岁。除护士和持证助理护士外，独身女性不
允许迁入。只有在年龄不超过 21 岁的亲生儿子的陪同
下，未婚女性才可得到巴西签证。对家长的迁入没有年
龄限制，但仅限父母其中一方随家人迁入。若父母双方
都提交了移民签证申请书，那么他们便被视作一个单独
的家庭，对于他们便有了年龄限制。小于六个月的婴儿
和处于孕期第七个月的女性不准迁入。对职业的严格限
制堵住了自由职业者迁入的大门。细菌学专家和铸钢产
业技术工程师引起了巴西移民部门的兴趣。应从事农业
的人既没得到份地，也没拿到贷款。他们需要以农村工
人的身份干满一至三年之后，才有可能获得自己的土地。
与巴西企业签有合同的人可自动获得签证。俄罗斯基督
教运动在提交给巴西移民与拓荒部的备忘录中做了如下
评论："……利用残忍手段使家人离散对巴西经济有利，
但对于处于流亡状态下依然保全家庭的俄侨而言是不可
接受的。年龄限制是没有根据的，因为俄侨中大量老年
人掌握手工业技能，可以养家。有些自由职业者，如画
家，可以在纺织、瓷器、家具或印刷工厂任职。必须提
供正常的生活条件，使俄侨转变为物质有保障的公民，

以使其专注于拓荒的成功。对知识分子和熟练技能人员的否定态度是不可理解的。三十年的俄侨经验使我们有权确信，无论何时，无论俄侨专家去往哪个国家，各领域新人才的涌入只会给国家带来好处。难民专家的愿望很朴素，他们同意在本地同事的领导下从事次要岗位，在新的不熟悉的环境中担任本地同事的助理和学徒……"①

　　或许，正是在俄侨组织的强烈呼吁下，巴西政府更改了接收难民的制度。自 1949 年起，每名移民都获得了125—500 公顷土地。每个居民点都被要求建立起一套联合产业：耕地、畜牧业和养猪业，并为上述产业提供足够的拖拉机及其他农用机械。农业拓荒的同时，高原地区也被要求建立起水泥厂，来为公路建设提供原料。这一项目中也可以利用俄侨②。

　　20 世纪 50 年代，巴西共有三万俄罗斯出身的侨民，

---

① АМРК. Архив Н. В. Борзова. Ящик 146–5. «Обозрение. Орган российского профессионального христианского движения. На правах рукописи» 1948. Вып. 8. Декабрь. Келлербер, Австрия. С. 10–12.

② АМРК. Архив Н. В. Борзова. Ящик 146–5. «Обозрение. Орган российского профессионального христианского движения. На правах рукописи» 1948. Вып. 8. Декабрь. Келлербер, Австрия. С. 12–13.

为该国的经济和文化发展做出了重大贡献①。在巴西建立了圣保罗市俄罗斯东正教民族活动者定期会议联合大会、巴西俄罗斯民族战争联盟、圣保罗市圣主亚历山大·涅夫斯基大公协会。"白军运动"的思想将这些团体联合起来。

美国俄侨区各类俄侨组织的联合趋势日渐增强。1951 年 8 月 5 日，在博洛戈夫（Г. К. Бологов）的主持下，哥萨克联盟积极分子和上海及图巴宝岛俄侨组织代表召开会议，一致通过决议，要成为旧金山的俄罗斯中心的成员，以增强该中心的地位。会议强调，俄罗斯中心在旧金山及美国西海岸的俄侨生活中有着重要意义，必须共同努力，使新来的俄侨与早已在此居住的俄侨融合到一起。相当一部分从上海和图巴宝岛迁入的俄侨都加入了俄罗斯中心。博洛戈夫制定了任务，欲实施一系列活动，以向美国政府表达感谢，并呼吁上海和图巴宝岛俄侨学习英语、美国历史与宪法，做忠诚的居民，并在未来成为美国公民②。但图巴宝岛俄侨中，并非所有人

---

① 参见：Bastos de Avila F., S. J. L'immigration au Brasil. Contribution a une theorie generale de immigration. Rio de Janeiro, 1956.

② Наше время, 1951, 29 января.

都支持博洛戈夫的行动。1952 年初，包含上海市俄侨委员会和援助协会在内的中国俄侨协会的领导层与中国俄侨协会的一批积极分子爆发冲突。同年 6 月，该冲突在全体大会上得到了讨论，而召开全会的理由则是，中国俄侨协会领导层在菲律宾时期拒绝进行换届选举。拒绝进行换届选举的原因包括，菲律宾当局认为，图巴宝岛上的俄罗斯难民营是临时的，便拒绝批准协会的章程，而章程草案要求改选。因此，博洛戈夫依然担任领导职务。菲律宾的俄侨媒体对冲突的情形进行了广泛报道。1953 年 2 月，俄罗斯中心宣布支持协会的原有领导层①。

　　1950 年 6 月 16 日，《1948 年法令》被延期至 1951 年 6 月 30 日，而关于被驱逐出德国的人以及孤儿的内容则被延期至 1952 年 7 月 1 日。《1948 年法令》所允许的入境美国的人数也增加至 41.5 万人。1951 年 6 月 28 日通过的法令再一次将《1948 年法令》的效力延长六个月，至 1951 年 12 月 31 日。对于流散人员，依然只有提前提交担保书才可获准入境美国。为了使所有难民都能从美国公民，或者即便是美国居民那里获得担保书，必须整合分散的俄侨组织。美国当局也欢迎成立全俄侨组

---

① Русская жизнь, 1953, 18 февраля.

织的想法,并打算正式承认经这类组织认证过的担保书。

美国俄侨联合运动的主要中心依然是旧金山。从 1925 年起,那里的俄罗斯民族组织联合委员会就开始运行了。在保护联盟旧金山分部的积极参与下,美国俄罗斯慈善组织联合会于 1950 年在旧金山成立。联合会共包括 33 家俄侨组织,其中大部分组织的总部都位于美国西海岸。美国俄罗斯慈善组织联合会的理事会由一系列有影响力的美国俄侨代表组成:理事会主席为列夫·利沃维奇·尼古拉耶夫斯基(Л. Л. Николаевский),来自旧金山的阿尼奇科夫俄罗斯慈善基金会;副主席谢尔盖·谢尔盖耶维奇·别洛谢里斯基(С. С. Белосельский)来自纽约的俄美保护和援助海外俄侨联盟;副主席康斯坦丁·巴甫洛维奇·巴尔斯基(К. П. Барский)来自俄罗斯圣弗拉基米尔之家;副主席尼古拉·米哈伊洛维奇·里博(Н. М. Рибо)来自洛杉矶的援助流散人员俄罗斯东正教组织联合委员会;秘书罗斯季斯拉夫·康斯坦丁诺维奇·彼得罗夫(Р. К. Петров)来自旧金山全哥萨克联合会;理事会理事兼代理行政主任为阿纳托利·斯捷潘诺维奇·卢卡什金(А. С. Лукашкин)。博尔佐夫为美国俄罗斯慈善组织联合会的创始人之一,也是第一任行政主任。自 1952 年 1 月 1 日起,由于健康原因,博尔佐夫不得不终止积极的工作，后被选为理事会的名誉理事。1950—1951 年，联合会在将俄罗斯难民从中国运往美国方面做出了大量的工作。在旧金山的俄罗斯文化档案馆，我们找到了留存至今的联合会理事会的会议纪要和总结报告。在被发现的文件中含有在联合会的斡旋下从中国被运抵美国的俄罗斯难民人数的统计数据。《1952 年美国俄罗斯慈善组织联合会行政部工作报告》指出，截至 1951 年末，从中国接收 4000 名难民的配额未被完全利用，超过 1000 个配额被浪费掉了。也就是说，离开中国的有 3000 人，其中 2800 人抵达美国。在中国的难民被列为所谓"域外人员"的范畴，这里的区域是指美国领事机构有能力发挥影响的区域。身处"域外"也就意味着难民无法获得美国签证。为了照顾这类人员，《流散人员法令》的效力被延长至 1953 年 1 月 1日。美国俄罗斯慈善组织联合会行政部 1951 年中中断了对担保和保证书的发放，1952 年 2 月又将其恢复。此类担保书共面向 2019 人发放了 1167 份。所有文件均发往联合国难民事务高级专员处，是证明难民在美拥有亲属或资助人，且可以为难民提供保障的文件。这些担保书并无实质意义，因为香港有离中国大陆最近的美国领事馆，进入香港需要持有赴第三国的签证，否则任何人都无法进入香港①。

　　1952 年 2 月，国际难民组织停止存在，包括香港办公室在内的所有代表处都被关闭。联合国下设了难民事务高级专员的职务。总部位于日内瓦的难民事务高级专员公署负责欧洲难民营的协调工作，并为此前处于国际难民组织关注下的各国难民团体提供援助。联合国难民事务高级专员公署在香港也设立了代表处，托马斯·詹姆森被委任为长官。自 1952 年 3 月起，美国俄罗斯慈善组织联合会开始直接向詹姆森寄送担保书。詹姆森当时负责应被疏散的中国俄罗斯难民的登记工作。难民登记工作也由全球教会理事会实施。该组织在香港也有分部，共登记了超过 1.6 万名希望迁至其他国家的人员。这些人员中的大多数为俄侨。1952 年 7 月，全球教会理事会主席阿兰·布雷利抵达旧金山，与俄侨组织商谈合作事宜。美国俄罗斯慈善组织联合会行政部与布雷利制定了援助在中国的别国难民合作计划。计划规定，要在美国的难民资助人和全球教会理事会的代表处之间斡旋。尽管国际难民组织在 1952 年 2 月就应在形式上停

---

① АМРК. Архив ФРБО. Ящик 134–2. Папка «Minutes of Meetings of the Board of Directors and General Assembly. 1950–1957».

止其活动，但它 7 月仍通过决议，将已被登记在册的那些难民留给该组织的下属机构照顾。全球教会理事会承担了照料留下的难民的工作。就这样，俄罗斯慈善组织联合会行政部在两个方向同时发力，同时与国际难民组织及其权利继承机构和全球教会理事会保持经常性的联络。

随着《流散人员法令》的失效，俄罗斯慈善组织联合会的工作量并未减少，联合会的行政部继续与国际组织开展业务联系。在美国国会讨论特殊移民法令草案、拟在配额之外另行允许 30 万移民入境的背景下，俄罗斯慈善组织联合会散发了 1000 多份呼吁书，呼吁美国的俄侨致信参众两院议员及参众两院法律委员会，请其为法案提供支持。1952 年 8 月，俄罗斯慈善组织联合会行政部为联合国难民事务高级专员公署撰写了一份报告，解释了第二次世界大战结束后，中国境内的大量白军俄侨接受了苏联国籍的原因。

1952 年 6 月 27 日，美国国会通过《移民和国籍法案》，该法案于 1952 年 12 月 24 日生效。该法案对既有的移民法律的主要补充体现在以下几点：对外来移民的接收不再受种族和性别的限制；优先向美国经济发展必需的高技能专家提供配额；禁止一系列政治组织的成员移民入境。这样一来，特惠移民体系得以建立，取消了对来自西方国家的移民的限制，但又一次扩大了应驱逐出境人员的范围。入境美国的人士分为几种类别，"移民"和"非移民"两个概念得到明确：非移民包括被美国承认的外交代表、外国官方人士和公务人员、上述类别人士的家属、服务人员；除"非移民"外的任何外国人均为"移民"。"临时访问者"是指出于事务或休假目的访问美国、且不打算放弃本国国籍的外国人，赴美留学或作为外国大众传媒代表赴美的人员除外①。

难民从中国迁出需要俄侨组织和全球教会理事会解决一系列问题，其中包括：对难民的登记；寻求同意向难民发放入境签证的国家；解除入境巴西时的年龄限制；编写移民意向国最受欢迎职业目录；与潜在的难民资助人，尤其是美国资助人建立联系；筹集资金以支付交通费；落实已有签证的难民迁移纲要；创造俄侨从中国迁出时在香港中转的机会；收集难民是否找到独立资助人的个人书面证明。

自 1952 年年初开始，国际难民组织与全球教会理事会就从中国全面撤出剩下的"白军俄侨"以及为其在

---

① Kansas S. *Immigration and Nationality Act. And Annotated with Rules and Regulations*. New York, 1953. P. 51.

美国提供庇护的事宜开展谈判，但谈判于 1952 年中期以失败告终。与此同时，国际难民组织和全球教会理事会尝试以个人为单位将难民迁至南美洲国家。巴西和巴拉圭政府同意接收难民，条件是为每一个潜在的迁移者提供个人担保。

　　援助难民的国际组织所拥有的资金储备不足，因此希望难民在美国的亲属能够保证为其提供物质援助，以促使其迁至别国，直到难民获得工作为止。仅在全球教会理事会巴西代表处中就集中了来自 19 国难民的 6 万件移民卷宗。因此，签证等待期限长达一年。1925 年中期，俄罗斯慈善组织联合会与日内瓦、香港和南美洲的全球教会理事会达成协议，在全球教会理事会与身处美国、加拿大、日本和菲律宾的中国俄罗斯难民的亲属之间担任全权中间人。1952—1954 年，联合会办事处为 1000 名来自中国的难民接受并办理了超过 300 份担保书。这些难民已取得入境巴西、巴拉圭和玻利维亚的签证。

　　1953 年 5 月 27 日，在美国国会对新难民法进行讨论的框架下，俄罗斯慈善组织代表尼古拉耶夫斯基、别落谢里斯基和卢卡什金与美国基督教会国家理事会、国家路德教会理事会和托尔斯泰基金会的代表一道，向美

国国会法律委员会作报告，证实了新法律的优势，相关
供述在会议纪要中被记录下来。法律委员会表示，只愿
听取俄侨界的两名代表发言：托尔斯泰基金会主席托尔
斯塔娅和俄罗斯慈善组织联合会主席尼古拉耶夫斯基
［会议纪要中称之为列昂·尼科利（Леон Николи）］。托
尔斯塔娅在其简短的发言中向上下两院议员和美国政府
表达了感谢，感谢他们决定讨论接收额外难民的可能。
托尔斯塔娅指出，难民问题包含两个层面：人道主义层
面和政治层面。托尔斯塔娅认为，援助难民的同时，美
国政府与"铁幕"另一面的人民建立了友好的关系。难
民法草案最开始只涉及身处欧洲的难民。托尔斯塔娅请
求法律委员会将 2000 名远东的难民与 1.2 万名身处中
国的"白军俄侨"也纳入法案之中，并指出，白军俄侨
中不超过 8000 人可被视作潜在的移民美国的人，而其
中又有 4000 人在上海被国际难民组织登记①。

　　尼古拉耶夫斯基说，俄罗斯慈善组织联合会从上海
收到了 2350 份疏散到菲律宾的难民亲属的申请书。家
庭重聚的问题出现。尼古拉耶夫斯基指出，中国当局并

---

① Emergency Migration of Escapees, Expellees, and Refugees.
Hearings before the Subcommittee of the 83rd Congress. First Session
on May 26, 27, 28, and July 1, 1953. Washington, 1953. PP. 170–171.

未阻挠难民出境，但不知这种对俄罗斯难民有利的政策会持续到何时。对此，法律委员会的成员指出，许多难民由于健康状况和年龄原因无法入境美国，还将从中国迁出的俄罗斯难民问题与本地中国人的移民联系在一起，认为有必要在与居住在中国的欧洲人共享配额的框架内考虑中国人获得美国入境签证的可能性。尼古拉耶夫斯基并不同意法律委员会的意见，并提交了书面申请："主席先生与各委员会成员，我是来自旧金山的列昂·尼科利，是美国俄罗斯慈善组织联合会主席。感谢主席先生和委员会成员给了我们出席此次会议并对 S1917 法案发表自身观点的机会。我们联合会全力支持 S1917 法案，该法案有利于对中国的欧洲难民群体提供支持与保障。该群体中的大多数成员为白军俄罗斯政治难民。我们认为，其数量约有 8000 人。我们拥有约 3000 人发来的申请，难民生活在美国的亲属已签署申请。为在现行配额下赴美，这些人士需要等待多年，而他们的状况十分紧急，因为他们不被允许赚钱谋生，而外部的物质支持也不可能获得。我们赞成美国基督教会国家理事会和国家路德教会理事会对该法案的立场。我们想对美国基督教会国家理事会和国家路德教会理事会表达感谢，感谢他们为政治难民所做的慈善工作。我们相信，这种活动会比其他任何行动做出更大的贡献。"①

　　1953 年初，俄罗斯慈善组织联合会的理事会下设援助中国难民远东特别委员会。委员会由俄罗斯慈善组织联合会理事会成员和"中国亲友注销联合会"的代表组成。"中国亲友注销联合会"由难民亲属在旧金山发起创立。远东委员会起草了一份由 1640 名美国的俄侨签字的请愿书并寄给美国总统。请愿书的文本是在 1953 年 2 月 20 日俄罗斯慈善组织联合会举办的专门会议上通过的。共有约 1000 人出席了本次会议。请愿书的副本同联合会的附函一道被寄往上下两院的议员。发给美国总统、副总统、参议院和众议院的还有 2435 封函件。

　　1953 年 6 月 5 日，旧金山的俄罗斯中心召开了第二次会议，约 700 名俄侨出席了会议。专门抵达旧金山的世界教会理事会香港分部主任柳德维格·施图姆普夫（Людвиг Штумпф）牧师做了发言，详细讲述了在华俄罗斯难民的境况。在此次会议上，俄罗斯慈善组织联合会理事会成员卢卡什金就理事会成员赴华盛顿参加法律委员会会议的成果做了报告。基于卢卡什金关于在华盛顿

---

① Emergency Migration of Escapees, Expellees, and Refugees. Hearings before the Subcommittee of the 83rd Congress. First Session on May 26, 27, 28, and July 1, 1953. Washington, 1953. P. 174.

的发言成果的报告，大会做出了如下决议："大会确认，我们委托联合会理事会以及下设的远东理事会关照中国的俄罗斯难民，落实该工作的人员是可靠的、无限忠于援助难民的目标，所以大会完全信任他们，并在联合会宪章及美国法律所允许的所有行动上对他们进行支持，若他们认为这些行动对拯救我们的同胞而言是有必要采取的话。请旧金山和美国其他城市的所有俄侨对业已开始的崇高人道行动提供自己的精神支持和物质援助……"①

在俄侨运动积极分子发言的影响下，1953 年通过的新的难民法《援助难民法令》为远东的欧洲难民提供了 2000 个名额。但与此同时，1953 年《援助难民法令》也包含了一系列修正与新的限制措施，阻碍了难民从中国迁往美国。尽管存在着一系列阻碍，俄罗斯慈善组织联合会理事会还是与美国基督教会国家理事会一道开始向在华难民发放担保书。对于难民而言，唯一可行的迁出中国的方法就是获取亲属朋友的个人赞助并取得赴南美洲国家的签证。《援助难民法令》使得 21.4 万名来自各

① АМРК. Архив ФРБО. Ящик 134–2. Папка «Minutes of Meetings of the Board of Directors and General Assembly. 1950–1957».

国的难民迁至美国定居。在这 21.4 万人中，有 20.5 万人
是所谓的"政治与自然灾害难民"，4000 人为孤儿，5000
人为已经身处美国的外国人，他们担心可能会因种族、
宗教或政治动机而遭受迫害，因而无法返回自己的国家。

根据 1953 年法令，难民是指：因遭受迫害、担心遭
受迫害、自然灾害或军事行动而身处其他国家或地区的，
尚未在新的居住地完全安顿好的，需要紧急援助来满足
生活需要或迁至别处的人。

在一般配额之外拟发放的 20.5 万份签证中，有
7000 份拟发放给远东难民，其中包括：为生活在美国领
事机构职权覆盖范围内的远东本土难民提供不超过
3000 份签证；为来到远东美国领事机构职权覆盖范围内
的非本土居民提供不超过 2000 份签证①。

远东委员会对中国的难民及其美国的亲属展开登
记，登记工作规模大、组织良好，共登记了 2294 名难民，
且登记名单及时发给了世界教会委员会和国际难民组
织。筹集来的捐款为远东委员会开展工作的资金来源，
俄罗斯慈善组织联合会理事会和行政部的技术性工作仅
由一名带薪秘书来处理，但会对每封来信做出回复。在

---

① Kansas S. *Immigration and Nationality Act. And Annotated with Rules and Regulations*. New York, 1953. P. 660.

为远东难民办理担保、吸引赞助人为难民提供工作和住房方面，联合会与纽约的基督教会国家理事会成功开展了多次谈判。根据美国国务院发来的说明，对协助难民找工作的担保仅为资助者的道德义务，不需要签署协议。这一点大大降低了寻找愿意给难民出具担保的人的难度。

俄罗斯难民从中国向南美洲国家的迁移项目的实施，使得俄罗斯慈善组织联合会行政部承担了大量工作负担。以下数据可以证实此项工作的庞大规模：仅在1953年，世界宗教理事会巴西代表处就向联合会寄出了1500多封信函；联合会向日内瓦、香港、南美洲各国城市及美国各城市寄出的信函达1000封。联合会的通信工作不止于此，因为部分其他城市的资助者仅可以通过书面的方式就为难民提供担保的事宜开展谈判，这必然会使联合会要重复发送信函及说明文件。为向俄侨群体通报难民问题以及1950—1954年美国移民法的变更，联合会发起倡议，在俄侨媒体上刊载了200多份通告。

1954年，有500多名难民在俄罗斯慈善组织联合会的赞助下取得了签证并得以离开中国。相当一部分难民先迁至中国香港，后来到美国。这些人主要是美国公民的亲属，但对他们而言，持有赴第三国或地区的签证是移民美国的必要条件。运转四年以来，联合会成为众多俄侨组织中第一个受到美国政府承认并得到正式注册的组织。联合会领导层认为，"……只要能实现集中协调和职能代表的原则，美国俄侨的其他活动领域也可以实现必要的联合"。

俄罗斯慈善组织联合会理事会向成员组织所做的报告涵盖 1954 年 8 月 1 日至 1957 年 6 月 30 日这一时期。这一时期与 1953 年的《援助难民法令》的效力期相符[①]。该法令规定，自 1954 年 1 月 1 日起的 36 个月内，允许在配额外从部分欧洲和亚洲国家接收 20.9 万名难民入境美国。为完成《援助难民法令》提出的艰巨任务，美国国务院吸引了联合会参加政府项目的实施，其地位与其他美国慈善组织平等。《援助难民法令》于 1956 年 12 月 31 日失效，但国务院将联合会的活动延长至 1957 年 6 月。自成立之时起，联合会就在国务院专门下设的提供自愿援助咨询委员会得到了正式注册，取得了向国家长期借债来补贴交通费用的权利，补贴方式为向移民个人提供借债。联合会还被授权自主开展活动。然而，

---

① АМРК. Архив ФРБО. Ящик 134–2. Папка «Minutes of Meetings of the Board of Directors and General Assembly. 1950–1957».

联合会领导层却认为，最好不与美国国库签署独立合同，而应采纳基督教会国家理事会的建议，使联合会参与执行基督教会国家理事会与国务院签署的合同。自成立之日起，联合会就与基督教会国家理事会保持着密切的工作联系。最初这种联系是在美国国务院的建议下建立的，因为在1948年《流散人员法案》的效力期内，注册规则要求慈善组织应有海外代表，但联合会并无海外代表。在促使俄罗斯难民迁出中国方面的合作使这两个组织的联系更加密切。与基督教会国家理事会的合作促使权威国际组织承认联合会，如在全球34个国家设有代表处的全球教会理事会。

在援助远东难民方面，主要的阻碍在于，他们处于美国领事馆的服务范围之外。难民可以凭中转签证在中国香港短暂停留，只有在那时，美国的领事馆才可以开始审核难民的相关材料。此外，许多难民即使有赴中国香港的中转签证，也无法出境，因为自20世纪50年代中期开始，苏联领事馆和中国当局便已停止向此前取得过苏联国籍的俄罗斯难民发放出境许可。英国当局也造成了一定阻碍。英国政府不希望中国香港充斥着贫苦的俄罗斯难民，要求保证仅将中国香港用作赴其他国家的中转地。若想获得英国政府的入境中国香港许可并取得美国移民签证，必须提供赴第三国的签证，如赴南美洲某一国家的签证。之所以提出这种要求，是因为若难民无法在中国香港取得美国签证，香港当局也可以确保他们不留在香港，而是去其他国家。多拉·冯·阿诺德和鲍里斯·冯·阿诺德名为《赴美之路》的札记讲述道，他们的母亲于 1953 年离开中国内地，借道中国香港来到了美国。冯·阿诺德用了三年的时间才获得了赴美的签证。从哈尔滨到旧金山的路途花了六个月的时间①。

1954 年 2 月 18 日，俄罗斯慈善组织联合会理事会从基督教会国家理事会处收到了关于开设向中国汇款渠道的正式通知。每年政府颁发的许可证使得合法向中国的贫苦难民汇转小额资金成为可能。截至 1957 年 6 月 30 日，在中国有亲属朋友的美国俄侨共汇款 709 次，总额达 2.27 万美元。部分难民已具备一切必要签证，但没有足够的资金来支付交通费用。能从美国接收汇款大大降低了他们从中国出境的难度。1955 年 7 月 15 日，俄罗斯慈善组织联合会和基督教会国家理事会签署单独协议，欲在旧金山和美国西海岸的其他港口为那些持各教

---

① АМРК. Архив А. Р. фон Арнольд. Ящик 151–3. A Biographical Profile of Roman A. von Arnold. Part 1. Life, such as it comes.... Part 2. The way to America. By Dora Arnold.

会组织出具的担保书赴美的远东难民举行见面会。难民见面会的内容包括：协助难民寄送行李，购买赴指定地点的铁路、大巴和飞机票、预订宾馆，必要时还会为他们提供旅途所需餐饮的贷款。俄罗斯慈善组织联合会组织难民见面会的费用由基督教会国家理事会支付，每位难民 2 美元。基督教会国家理事会会报销一切支出，并在为慈善项目拨款计划的框架下，从美国国库的借款中为难民发放贷款。1955 年 9 月 21 日，俄罗斯慈善组织联合会理事会还成立了专门的基金，来为那些需要抚养多人口家庭的人士提供零息贷款，来促进移民潮的涌入。

1955 年 12 月 2 日，在《援助难民法令》支持纲要的框架下，纽约的基督教会国家理事会总部举行了签署国家合同的企业与联合公司代表的会议。会上几乎讨论了难民问题的全部方面。美国国务院代表凯辛（P. Кэшинг）出席会议，并承诺会研究简化移民签证的发放手续的问题，但本次大会并未取得重大的实际成果。

在胡佛学院和旧金山的俄罗斯文化博物馆档案室中存有二战后自行前往加利福尼亚的部分美国俄侨的回忆录，他们并没有受到俄侨组织和国际组织的直接援助。美国商人 K.B.多尔别热夫（俄国驻华领事 B.B.多尔别热夫之子）在其回忆录中写道，1945 年，北京的俄侨已开

始申请苏联国籍，800 名俄侨中有 640 人得到了苏联护
照，其中就包括此前的俄侨委员会的领导人员。多尔别热
夫所工作的合作社主席提出，若多尔别热夫不接受"红
本"（即苏联护照），那么就会丢掉工作。此后多尔别热
夫便递交了辞呈，与父亲一道变成了侨民。多尔别热夫
在北京宾馆的一家美国军官俱乐部当过乐师，并在那里
兼职保安。美国人离开后，多尔别热夫短时期内换过诸
多职业。所有未接受苏联国籍的俄侨都被国际难民组织
的代表处登记为期望从北京迁出的人群。多尔别热夫的
父亲在美国大使馆中依然有一定的关系。在父亲的安排
下，多尔别热夫一家于 1947 年 12 月成功登上一艘从天
津开往上海的美国轮船，并从上海辗转来到美国加利福
尼亚州①。

　　1947 年，苏联政府再一次呼吁在华俄侨"返回"苏
联。约有 8000 人响应了此号召，其中还有上海居民卡尔
米洛娃之兄的家人。1948 年 12 月，卡尔米洛娃递交美
国移民签证申请书。根据现行法律，卡尔米洛娃的签证
等待期限长达五年。在这一期间内，在法国领事馆的帮
助下，卡尔米洛娃随家人迁至阿根廷，1953 年末获美国

---

① HIA. Coll. Dolbezhev, Konstantin Vladimirovich. 1 folder.
Воспоминания (1994 г.). V.1.

签证，1954 年 3 月来到旧金山。卡尔米洛娃的回忆录也被其交由胡佛学院档案室保存①。

列夫·尼古拉耶维奇·拉夫鲁申和亚历山大·尼古拉耶维奇·拉夫鲁申兄弟分别于 1921 年和 1926 年出生于哈尔滨。他们的父亲尼古拉·伊利伊奇·拉夫鲁申于 20 世纪初从基连斯克市迁至哈尔滨并成为畜牧农场主。哥哥列夫·拉夫鲁申接到通知，本应受命前往日本军官学校学习，但是他并不想和日本人合作，便动身前往上海，并服役于上海志愿军团俄罗斯连。战后他取得了苏联国籍并返回苏联。就在列夫·拉夫鲁申在上海服役时，其父亲逝世，弟弟则随母亲前往中国香港，欲取道巴西或澳大利亚前往美国。于是，亚历山大·拉夫鲁申便来到了旧金山。他第一次来到苏联是在 1969 年，后续又回来几次并与哥哥见面②。1990 年拉夫鲁申兄弟乘汽车从苏联赴中国旅行。在哈尔滨，他们还采访了一位留在那里的俄侨。关于此次旅行的叙述在旧金山的《俄罗斯生

---

① HIA. Coll. Karmilof, Ol'ga. 1 folder. Story of my life: mimeograph.

② Лаврушин из Сан-Франциско и Лаврушин из Перми // Ленские зори, 1990, 25 сентября.

活》报上得到了发表①。

　　兹戈耶夫（А. Дзгоев）则通过其他路径前往加利福尼亚投奔其亲属。兹戈耶夫于 1923 年出生于哈尔滨，其父于 1905 年从奥塞梯来到中国东北。兹戈耶夫从青年人基督教联盟中学毕业后就读于香港大学，曾在一家图书馆任职，第二次世界大战期间曾在德国和日本的电报社工作。苏联红军部队进驻哈尔滨后，兹戈耶夫曾与政治部的"战争宣传画报"合作。1945 年 9 月，兹戈耶夫被捕，并在苏联度过了 10 年的牢狱生涯；1984 年移民美国，其母亲与姐姐在战后就已迁居美国②。

　　从中国至美国的无组织个体移民有以下几个形成原因：与家人团聚、受到了亲属的号召、与美国公司在美国领土之外签署了高水平专家合同、与美国公民结婚。1947—1949 年，共有数百名俄侨自发从中国来到加利福尼亚③。除"正式难民"以外，1947—1948 年还有部分俄侨从中国偷渡至旧金山。援助协会曾努力为这些人提供

---

① Поездка в Киренск. На сибирской реке Лене // Русская жизнь, 1990, 29 декабря.

② Дзгоев А. 3413 дней…. Машинописная рукопись воспоминаний. 1994–1995.

③ Автономов Н. П. Обзор деятельности Сан-Францисского Отдела Русско-Американского Союза защиты и помощи русским вне России. Сан-Франциско, 1970. С. 39.

担保，避免其被驱逐出境，但并非总是成功，俄罗斯家具商萨拉宁（П. Саранин，54 岁）的家庭便是一个例子。其子 A. 萨拉宁（29 岁）同样是商人，曾和妻子一起乘轮船从上海逃往美国，1950 年 5 月 23 日他们抵达美国时被捕，并被羁押 13 个月，直到联邦当局于 1951 年最终决定将其驱逐至中国香港，目的是后续再将其遣至苏联。这一事件也引起了美国媒体的反响，从后续来看也远非个案①。

　　1954 年 7 月 16 日的《俄罗斯慈善组织联合会理事会对其成员组织的报告》列举了 1949—1954 年援助难民纲要框架下从中国抵达加利福尼亚的俄罗斯难民的数量——1400 人。报告指出，截至那一时间，从中国出境或办理好移民签证的总计有 3750 人。还有 1.6 万人留在中国，他们被登记为希望迁至其他国家的人。1957 年 6 月 30 日的俄罗斯慈善组织联合会理事会报告指出，1955—1957 年，联合会行政部在旧金山为 592 名来自远东的难民举办了见面会②。1949—1957 年，在俄侨善组

---

① The San Francisco Chronicle, 1951, June 26.

② АМРК, № 134, архив ФРБО, ящик 2, папка «Minutes of Meetings of the Board of Directors and General Assembly. 1950–1957».

织联合会实施的难民援助纲要的框架下，共有约 2000
名俄罗斯难民从中国抵达加利福尼亚，若将自发性移民
算在内，则这一数字可增至 2500—3000 人。有 5000 多
名俄侨从中国取道菲律宾移民至美国，但只有关于俄罗
斯慈善组织联合会援助过的那些中国俄侨难民才有相对
可信的统计数字。

随着第二次世界大战的结束，部分俄罗斯居民积极
支持回迁苏联的构想。如果说在 20 世纪 20—30 年代俄
侨群体的意识中，"苏联"通常是一种消极的形象并与
"俄国"是对立的，那么战胜德国则将苏联政权作为俄罗
斯国家性继承者的地位在诸多俄侨的心中巩固了下来。
1945 年，部分俄罗斯难民和中国的其他欧洲难民未获得
流散人员的身份。一方面，这阻碍了他们快速移民至美
国和其他国家；另一方面又使中国东北的苏联军方无法
像在欧洲国家那样将他们强制遣返。但数千俄侨完全自
愿"返回"苏联一事也时常被质疑。俄侨对于当时中国
局势的看法当然是引人关注的。帕维尔·科默尔从中国
自愿来到美国后与我们所不知晓的一位留在中国的人员
保持着书信往来。从科默尔的评论中可以得知，和他通
信的是一位俄罗斯同事,此前他们一起从事过商业活动。
该年轻同事被迫接受了苏联国籍，但是仍在想办法从中

国迁出，于是找到了科默尔，请求他帮忙弄到美国签证。信中他简短描绘了 1951 年的中国局势，并指出了事态的发展（苏联的政治军事存在等）对在华外国人生活的影响。该信函的主要看法在于：很难相信中国在如此短的时间内发生了这么大的变化——在一年半的时间内共产党就巩固了本币地位，提高了大米产量，并完全重组了军队；中国本币汇率的上涨造成了美元持有者的生活条件在一定程度上的恶化，而这些美元持有者中有相当多的人是从美国亲属那里接受资金援助的俄侨；共产主义宣传的推进、朝鲜战争的爆发与其他事件并未对上海的夜生活造成很大影响，俱乐部中像以前一样，人们奏着爵士乐，唱着美国歌曲；1950 年 12 月 29 日，中国政府冻结了美国的在华存款，对所有美国公司实行军事管制；外国公司的出口业务只允许用以物易物的形式开展，原拟出口的商品只能改在国内市场销售，50%的利润丧失；大多数在华苏联公民都在国际难民组织得到了登记，若有机会的话，他们之中相当一部分都愿意迁往澳大利亚；即使取得了赴某一国的入境签证，这也不意味着能够顺利从中国出境。想从中国政府获得出境签证的话，若申请人是公司的联合共同所有者，且公司内有中国员工，那么申请人必须从其中国员工那里取得书面的出境同意函①。

赴中国香港以及后续的南美洲或美国的交通支出需要大量外汇资金，但在中国，只有在1954年才有机会从美国接受汇款。只有在中国香港才可能取得美国签证，但要想赴中国香港则首先要有赴第三国的签证。与此同时，中国建立起的出入境体系意味着，除了前往苏联外，许多俄侨别无选择。中国俄侨赴美之路的主要阻碍依然是禁止性的美国移民法。

在美国俄侨对其中国的俄侨同胞扩大援助的背景下，中国东北的俄罗斯居民成立了相关组织作为响应，其中一个鲜明的例子就是俄罗斯大学生群体。1920年，各分散的俄侨组织在哈尔滨大学生联盟的框架下联合在一起，哈尔滨大学生联盟也成为远东地区人数最多的俄罗斯大学生组织。该联盟的主要任务之一是为俄侨继续接受教育寻找资金与机遇。由于中国和俄罗斯社会各界的支持，哈尔滨工业学校、高等医学院和单独的法律系成立②。1921年，大学生联盟与高等学校学生资助协会（即大学生援助协会）和青年人基督教联盟一道，开始实

---

① HIA. Coll. Komor, Paul. 1 folder. T 3. China 3524.

② АУПХ. Ф. 77. Оп. 4. Д. 61. Харбинский Комитет помощи русским беженцам. Папка «Харбин. Высшие учебные заведения».

施相关纲要，将俄罗斯大学生团体从中国派往美国和欧洲留学。大学生援助协会下设特别委员会，其任务包括提供签证支持、组织交通、为在美安顿提供贷款和补助金。留学生的选拔由学生局来实施。学生局主席由大学生援助协会委任，然后学生局主席逐一从各大学生留学团体中选派代表作为大学生局成员。必须指出的是，有时那些不通过特别委员会帮助就取得美国签证的人也会加入大学生留学团体之中。例如，沙洛娃的父亲生前与中东铁路领导层相识，沙洛娃便从中东铁路领导层那里获得了推荐信，并在 24 小时之内就取得了美国签证，并于 1922 年随大学生留学团体一道赴美①。但是对于绝大部分大学生而言，靠自己取得美国签证几乎是不可能的，因为 1921 年 5 月美国颁布了"关于移民配额的第一法律"，开启了美国的移民禁令②。"关于移民配额的第一法律"确定了发放移民签证的程序，并规定每个民族的年移民配额不得超过 1910 年人口普查数据中在美国生活的该民族总人数的 3%，以此来限制各民族的移民人数。是否应将新移民纳入配额的依据是出生地。与此同时，

---

① UCB, Bancroft. 87/3 z. Sharov L. A.

② Auerbach F. L. Immigration Laws of the United States. Indianapolis, 1961. PP. 8–9.

还存在着一些特例，使得美国移民签证可以在配额之外发放：当家庭的各成员出生于不同国家并通过不同配额移民美国，但夫妻一方所在民族的移民配额在递交申请的那一月份已用完时（目的是保持家庭完整性）；在迁入美国的移民与出生国（出生地）没有民族和法律上的联系时；在迁入的移民出生于美国，但因为某些原因并未取得美国国籍时。

与出生地相比，出身、国籍、居住地所发挥的作用并不大。法律特别规定，出生于亚洲的非亚裔人士依然应当被纳入亚洲的普通配额，也就是说依据出生地来划定配额。在这一点上，法律也涉及了远东的俄罗斯居民，因为许多生活在中国东北的俄侨都出生于中国。如果说俄国的难民尚可尝试通过俄国的配额而移民美国，那么中国的俄侨则是没有这个机会的。大学生赴美时办理的是非移民签证，也就是说，在美国读完大学后，他们应该返回中国甚至回到俄国，并在那里应用在美国所学到的知识。

哈尔滨的报纸上展开了讨论，一部分城市居民支持大学生离开中国并赴美学习的努力，但许多人认为，大学生应该在苏俄继续接受教育。哈尔滨那些最穷苦的俄罗斯大学生无法赴美留学。俄罗斯社会组织可以提供必要的贷款，但美国作为留学生的接收国却要求尽可能挑选最富裕的人赴美。美国提出这样的要求是因为，俄罗斯大学生在美国找工作引起了主管移民问题的司法部的不满。美国的移民部门同样产生了怀疑，怀疑从哈尔滨来的人是否真的是大学生，因为这些人中的大多数当时都已约 30 岁。戴教授是青年人基督教联盟美国太平洋沿岸外国学生事务秘书，负责加利福尼亚的俄罗斯大学生的接收工作。1922 年 7 月 3 日，大学生援助协会向戴致信，正式解释了为何这些大学生的年龄如此不同寻常。1917 年前，俄罗斯中学毕业生的年龄为 19—20 岁。在 1914 年，四年级大学生的平均年龄为 24 岁。但在 1914—1921 年，由于需要参加第一次世界大战、十月革命和国内战争，许多大学生都没有机会上课。因此，革命前的俄国大学生在 1920—1922 年的年龄就应该是 30—32 岁[①]。然而，也有一些大学生年轻得多，主要是哈尔滨及中东铁路用地中学的毕业生。

　　动身赴美时，大学生先是从哈尔滨坐火车来到韩国港口，再通过海路赴日本，然后乘火车抵达横滨，最后

---

　　① HIA. Coll. Day, George Martin. Box 1. Общество вспомоществования учащимся в высших учебных заведениях, Харбин. Письмо № 725.

坐船去旧金山。在一个多月的旅途中，留学生团体会成立总务委员会和行李委员会，分别由 3—4 个人组成。总务委员会负责食品，行李委员会负责在换乘站及时搬运行李。每个大学生团体中还会有一名负责人，负责与官方人士保持联系，并监督总务委员会和行李委员会的工作①。留学生在抵达美国时应尽快进入高等学校。如有特殊情况，可以延期一年入学，然后大学生就应该向特别委员会返还之前所取得的交通贷款。部分在留学生项目框架下从中国出境的人将留学完全视作移民的机会。白军前军官、富裕的哈尔滨人的子女及其他人也会加入大学生留学团体。因此，美国移民部门对特别委员会活动的信任开始产生动摇，并于 1923 年暂停向中国的俄罗斯大学生发放签证，后来又完全终止了签证的发放工作。特别委员会曾试图通过加利福尼亚大学伯克利分校的俄罗斯民族协会对那些不诚信的大学生施加影响，并要求其返还贷款和补助金。1923 年 4 月 30 日，大学生援助协会颁布第 571 号官方函件，委托伯克利的俄罗斯民族协会监督那些赴美留学的哈尔滨大学生联盟的成员。大学生援助协会还呼吁俄罗斯民族协会对留在中国的俄罗

---

① Еловский И. Русские студенты в Калифорнии. Сан-Франциско, 1924. С. 9–10.

斯大学生提供援助，这些大学生因缺少交通和文件办理的资金而无法赴美，且经过了工业萧条及难民潮涌入后，在中东铁路区内俄罗斯大学生也无法得到任何工资①。

　　1921 年初，加利福尼亚大学伯克利分校内成立了俄罗斯大学生民族协会，其目标为促进该协会的成员就读于美国的高校（主要是加利福尼亚大学伯克利分校）、开展文化教育活动、对协会成员提供物质支持。该协会在伯克利有自己的场地，其中有办公室、俱乐部和图书馆。协会在旧金山和洛杉矶有分部。协会的运营资金来源为会费、私人捐款和同情大学生的两家组织的捐款，这两家组织分别为教会协会和俄罗斯互助协会。协会还创立了教会合唱团和弦乐队，通过举办戏剧演出、音乐会和晚会来创收。协会下还专门创立了俄罗斯体育协会，该协会组建了三支足球队。由于资金匮乏，加利福尼亚的大学生期刊发展不良。打字版的《信息简报》是俄罗斯大学生民族协会理事会的官方机构②。除中国外，旧金山的大学生组织还与欧洲的大学生协会和联盟保持着联

---

① AMPK. Архив Студенческого общества в Берклее. Ящик 1. Деловая переписка.

② Еловский И. Русские студенты в Калифорнии. Сан-Франциско, 1924. С. 42–47.

系。关于保加利亚、德国、法国、捷克斯洛伐克及其他
国家大学生生活的消息会刊印在《信息简报》的版面
之上①。

1921—1923 年，加利福尼亚的俄罗斯大学生人数不
断增加，主要为中国来的学生。戴在寄给青年人基督教
联盟外事处处长科尔顿（Э. Колтон）的信中提到，截至
1922 年，美国太平洋沿岸的俄罗斯大学生人数达 300
人，其中 200 人都是由哈尔滨的社会组织派来的②。哈尔
滨大学生援助协会在寄给俄罗斯大学生民族协会理事会
的信中通报，1921—1923 年共派出约 500 名大学生赴美
留学③。截至 1923 年，俄罗斯大学生民族协会共有约 500
名成员，其中相当一部分都是通过大学生留学项目从中
国来到美国的。

加利福尼亚大学伯克利分校内成立了为俄罗斯大
学生寻找奖学金的委员会。加利福尼亚大学伯克利分校
的教授诺伊斯（Д. Нойс）、帕特里克（Д. Патрик）、普罗
伯特（Ф. Проберт）和青年人基督教联盟的代表戴加入

---

① АМРК. Архив Студенческого общества в Берклее. Ящик 1.
Информационный бюллетень.

② HIA. Coll. Day, George Martin. Box 1.

③ АМРК. Архив «Студенческого общества в Берклее». Ящик
1. Письмо № 571.

了委员会。委员会将大学生分为三个类别。第一个类别是资金状况处于绝望状态的大学生，必须尽快给其找到工作，使他们有最基本的资金来维持生活。第二个类别是有足够的资金来支付学费，至少是在初期阶段支付语言课程费的大学生。第三个类别是拥有足够资金、可以不接受俄罗斯民族组织的任何资助的大学生。

部分大学生离开了加利福尼亚大学伯克利分校并迁往其他州，开始了完全自主的生活。俄罗斯大学生想找工作的意图引起了美国移民部门的担忧，因为美国严格限制持就业目的入境的人员，当时国境主要只对农业工作者开放。1922 年 9 月，司法部的政府代表审问了基督教青年会的秘书戴教授。哈尔滨特别委员会官方代表、大学生科瓦列夫（С. П. Ковалев）也受邀参加了谈话。美国司法部提出了一系列意见，其实质包括，许多在留学生项目下抵达美国的俄罗斯大学生并未入学，而是就业，其在美国的居住地时常与通行证上的目的地不符，留学生项目给了"布尔什维克宣传者"渗透美国的机会，因此，俄罗斯大学生民族协会部分成员的活动有悖于该组织宣称的不过问政治的原则。同一时期通过类似项目赴美的还有中国和日本的留学生，将他们和俄侨等同视之对后者而言有失公允。美国移民法规定，持进入特定大学的目的入境美国且一经抵达后的确进入该校的外国人，可以被授予外国留学生的地位。此外，在抵达美国满4—5年之前，留学生应离开美国。美国司法部将俄罗斯与中国的大学生进行了对比，认为俄罗斯大学生的特征不符合外国留学生的地位，并有充分的根据来停止向在华俄侨发放留学生签证。戴向移民局代表解释道，中国大学生会从其政府收到资金支持，而俄罗斯大学生则不得不工作以赚钱维生。至于未入学的大学生，戴向司法部提出正式保证，保证大多数中国来的俄罗斯大学生都会在大学和学院中入学①。但是并非青年人基督教联盟和哈尔滨的各慈善组织的所有努力都带来了理想的结果。1923年末，美国驻华领事馆停止向俄罗斯大学生发放签证。至少有500名中国的俄罗斯大学生参加了留学项目。1921—1923年，留学生项目的初衷是希望未来留学生能够将所学知识运用在祖国。苏维埃政权在俄国最终确立，许多本不打算移民的大学生永远留在了加利福尼亚。相当一部分大学生紧邻着大学聚居，并按照民族和职业联合在一起。俄罗斯大学生群体已成为加利福尼亚俄侨区组织最为良好的一部分。

---

① HIA. Coll. Day, George Martin. Box 1.

1925 年，俄罗斯大学生民族协会加入是年于加利福尼亚创建的俄罗斯民族组织联合委员会，委员会主席为维沃德采夫（A. M. Выводцев）。一系列组织的代表都加入了该联合委员会，如俄罗斯东正教教会协会、伟大战争俄罗斯老兵协会、俄罗斯互助协会、俄罗斯大学生民族协会、工程师和技术员联盟、学龄前儿童保护与启蒙协会、前俄国海军和海事部门官员休息室、俄罗斯艺术家公社、文学艺术小组。根据联合委员会 1925 年 10 月 3 日的会议纪要，联合委员会的主要目标被表述为"代表旧金山的俄罗斯民族组织与美国官方部门联络，为俄侨提供物质援助，写信呼吁俄侨在中国和西欧的亲属来美国"①。

1936 年，伯克利的俄罗斯大学生协会停止了作为独立组织的存在。加利福尼亚那一时期的俄罗斯大学生主要可以分为几个类别。第一个类别是单纯为获得高等教育而从中国和俄国赴美的大学生。由于政治和经济原因，大学生无法在故地获得高等教育。这一类群体并不畏惧侨居美国期间的生活困难，因为在国内战争时期他们已经历过的困苦要深重得多。大部分该类别的大学生都是

①　HIA. Coll. Landesen, Arthur. Box 1. Объединенный Комитет (1925 г.).

在 20 世纪 20 年代赴美。截至 20 世纪 30 年代中期，其中的大多数人都已成功完成学业并找到理想的工作。第二个类别的人赴美不是为了获得高等教育，而是为了寻求庇护。这一类别的人只不过是在办理美国签证时利用了外国留学生的身份。其中大多数人大学入学的目的是不被驱逐出境。第三个类别是幼年赴美或出生在美国的人。尽管这一类别的部分人也去旧金山的俄罗斯学校，但他们对俄罗斯历史文化了解不多，有时甚至俄语也说得不好。第四个类别是哈尔滨工业学校（现哈尔滨工业大学）的毕业生。1941 年前，哈尔滨工业学校在美毕业生数量并不多，因而也没有建立组织的条件。1944 年哈尔滨工业学校校庆之际，旧金山仅有 8 人参加庆祝活动。1948 年共有 18 人参加校庆。自 1959 年起，生活在旧金山的哈尔滨工业学校的毕业生开始每年举行校庆集会①。

旧金山国际学院向其俄罗斯秘书冯·阿诺德布置了一项任务，命其厘清在该校学习是否能促进其学生成功适应新的生活环境；高等教育是否会开辟那些未入大学的移民所无法取得的新机遇；是否有必要向那些马上要

---

① Политехник, 1969–1979. № 10. С. 267.

从美国中学毕业的新一代俄侨提出建议，建议他们考入大学，以成功融入美国社会。为获取上述问题的答案，冯·阿诺德对俄侨代表、大学生和美国教师进行了访谈①。矿业系主任普罗伯特认为，矿业职业的国际化特点在很大程度上并不需要推动大学生美国化，俄罗斯口音并不是工作中的一个障碍，因为大部分矿工都是外国人。农业和工程专业十分吸引加利福尼亚的俄罗斯大学生，但俄罗斯大学毕业生确实是在矿业工程领域取得了最为显著的成就。普罗伯特认为，俄罗斯大学生将大学教育视作一种获取工作岗位的现实手段，他们的工作可以使他们在美国社会占据应有的地位。哲学系教授杰尼斯（В. Деннис）指出，他仅认识几名在哲学系就读的俄罗斯学生。杰尼斯认为，选择哲学专业的外国留学生说英语通常没有任何口音，所以他无法将俄侨和其他大学生区分开。与此同时，1937 年的数据显示，有 6 名俄罗斯大学生成功从加利福尼亚大学伯克利分校哲学系毕业，5 人通过了论文答辩。斯拉夫学教研室教授诺伊斯指出，教研室内仅有几名俄罗斯大学生就读，他们上的

---

① HIA. Coll. von Arnold, Antonina R. 1 folder. A Brief Study of the Russian Students in the University of California. April 30, 1937.

课和美国大学生一样。当然，俄侨在母语上取得了很高的分数，这使得他们可以顺利从大学毕业，而后续他们却不再从事科学研究。与此同时，在美国，只有在从事图书馆工作、翻译和教学活动时才有机会实际使用俄语。在这些领域不可能取得高收入，所以年轻一代的美国俄侨并不追求学好母语俄语，但许多大学生都会去听英文授课的俄罗斯文学课。

第三章

自华赴美俄侨的命运：
生平简介

　　在自华赴美俄侨的命运概述中，我们使用了问卷调查的材料、档案文献和事件亲历者的回忆录①。《俄侨的过去》文集的总编捷列休克（А. В. Терещук）提供了大量俄侨的履历材料，对此向其表达特别感谢。

---

① Чуваков В. Н. Незабытые могилы. Российское зарубежье: Некрологи 1917—1967. В 6-ти тт. Т.1. М., 1999; Мартиролог русской военно-морской эмиграции по изданиям 1920—2000 гг. Под ред. В. В. Лобыцына. М. Феодосия, 2001; Александров Е.А. Русские в Северной Америке. Биографический словарь. Под ред. К.М. Александрова и А.В.Терещука. Хэмден – Сан-Франциско – СПб., 2005; Литературная энциклопедия Русского Зарубежья (1918—1940). Писатели Русского Зарубежья. М., 1997; Струве Г. П. Русская литература в изгнании. Краткий биографический словарь Русского Зарубежья. Изд. 3-е, испр. и доп. Париж-М., 1996; Волков С.В. Офицеры российской гвардии. Опыт мартиролога. М., 2002.

在本书之前的章节中，有的人已经被提及，部分信息还需要进一步明确。但总体而言，我们选取的信息会提供各类俄侨的一个认知，他们从中国迁往美国的途中，为"俄罗斯性"的保持与传播发挥了重要作用。我们考虑到的不仅是俄侨在中国俄侨群体史中所留下的"痕迹"的重要性，或是中国俄侨对美国经济、科学和文化生活所做的贡献，还有归属于某些社会群体、阶层、职业、宗教等表征的俄侨命运的共性。

尼古拉·巴甫洛维奇·阿夫托莫夫（Автомов Николай Павлович, 1895—1985），语文学家，俄语教师，出版业人士，社会活动家。其著作《俄美保护和援助海外俄侨联盟旧金山分部工作概述》基于博尔佐夫档案材料，是一部珍贵的文献[1]。阿夫托莫夫 1912—1939 年生活在哈尔滨，在俄侨中学、师范学院和哈尔滨工业学校中教过书，撰写了一系列关于对外俄语教学法的著述。1939 年迁至美国，在学院中担任教师，参编教育学杂志，加入了美国俄罗斯学术团体。

---

① Автономов Н. П. Обзор деятельности Сан-Францисского Отдела Русско-Американского Союза защиты и помощи русским вне России. Сан-Франциско, 1970.

娜塔莉娅·伊格纳季耶芙娜·阿达莫维奇（Адамович Наталья Игнатьевна, ？—1963），写生画家。十月革命及国内战争后，从远东迁往中国。居住在上海，参加各类艺术展，后迁居至美国加利福尼亚。

阿列克西神父（尼古拉·亚历山德罗维奇·别洛焦洛夫，О. Алексий, Белозеров Николай Александрович, 1905—2000），国内战争和第二次世界大战参加者，毕业于鄂木斯克的西伯利亚武备中学，曾服役于高尔察克的西伯利亚部队，参加过鄂木斯克战役。1922 年随斯达尔克（Б. К. Старк）的西伯利亚区舰队从符拉迪沃斯托克转移至中国。曾生活在上海。二战期间加入反共武装，还曾与家人在比利时短暂生活，后于 1953 年从比利时迁至美国新泽西州从事神职，并于 1992 年剃度。

叶甫盖尼·叶甫拉姆彼耶维奇·阿尔费利耶夫（Алферьев Евгений Евлампиевич, 1908—1986），工程师，学者，教育学家。十月革命后随家人从彼得格勒迁至远东，旋即又转迁至中国，在哈尔滨读完俄罗斯中学后迁至法国，在巴黎读完了电气机械学院，还曾在格勒诺布尔大学学习。在许多国家担任过工程师，其中也包括中国。1964 年迁至美国，1970 年成为圣三一学院院长。

弗拉基米尔·彼得罗维奇·阿尼奇科夫（Аничков Владимир Петрович, 1871—1939），金融家，社会政治活动家，曾任彼得堡伏尔加-卡马银行行长、银行委员会主席。1917 年任乌拉尔州执行委员会委员，次年进入西伯利亚政府。1923 年从符拉迪沃斯托克逃往中国，居住在上海。20 世纪 20 年代末迁至美国，定居在旧金山，开了一家名为"俄罗斯之书"的商店。从事社会活动，还是俄罗斯俱乐部的创始人之一。1934 年完成其回忆录的撰写，并于 1988 年在《全俄罗斯回忆录图书馆》文集中出版。

叶莲娜·阿纳托利耶芙娜·安东诺娃-阿尔（Антонова-Алл Елена Анатольевна, 1904—？），矿业工程师，诗人，毕业于布拉戈维申斯克中学，十月革命后迁往中国。曾居住于哈尔滨，后迁往东京，1923 年又从东京迁往美国。毕业于西雅图大学，职业为矿业工程师、冶金工程师。安东诺娃-阿尔还从事诗歌创作，在俄语期刊和诗选中均有发表。作有诗集《映象》。

鲍里斯·彼得罗维奇·阿普列列夫（Апрелев Борис Петрович,？—1951），海军军官，文学家，中俄关系史学家，曾参加第一次世界大战和国内战争。十月革命后服役于法国海军。后又服役于高尔察克的部队之中，担任驻意大利和塞尔维亚军事代表（国防武官）。国内战争后生活在哈尔滨，后续又生活在上海，并从上海迁往旧金山。

冯·阿诺德、安托尼娜·罗曼诺娃（Арнольд фон, Антонина Романова, 1896—1988），社会工作者。其父为俄帝国海军上校，1905年后服役于哈尔滨，领导中东铁路用地警察。其母为哈尔滨牙医学校校长。1923年，冯·阿诺德移居美国加利福尼亚，从加利福尼亚大学伯克利分校毕业后在旧金山国际学院担任俄罗斯秘书，曾就加利福尼亚俄罗斯大学生的生活情况向美国大学教师组织问卷调查。我们在胡佛学院[①]和旧金山俄罗斯文化博物馆档案室[②]对冯·阿诺德的档案进行了研究。

瓦连京·阿恩霍尔德·艾尔涅斯托维奇（Арнхольд Валентин Эрнестович, 1890—1969），军官，曾参加第一次世界大战和国内战争，毕业于特维尔骑兵学校。国内战争期间供职于西伯利亚部队，在西伯利亚和远东参战。还曾供职于法租界。1946年迁往旧金山，加入伟大战争

---

① HIA. Coll. von Arnold, Antonina R. 1 folder. A Brief Study of the Russian Students in the University of California. April 30, 1937.

② АМРК. Архив фон Арнольд (Щербаковой). Ящик 165–6. Архив семьи Щербаковой. Russians in San Francisco. January, 1943.

俄罗斯老兵协会。

列夫·伊诺肯季耶维奇·阿斯特拉罕采夫（Астраханцев Лев Иннокентьевич, 1897—1967），军官，国内战争参加者，出生于伊尔库茨克，并于当地读完了中学和军事学校。后以准尉的军衔加入了高尔察克的部队之中，曾随翁格伦男爵的部队在蒙古作战，并晋升为少尉。后转移至中国，在哈尔滨居住过一段时间后迁往美国旧金山，从加利福尼亚大学伯克利分校毕业，参与到伟大战争俄罗斯老兵协会的工作之中。

阿法纳西神父［斯图科夫，? —1970，О. Афанасий（Стуков）］，修士大司祭，出生于中国东北的一个神职家庭，国内战争期间在白军中赴西伯利亚作战，后逃往中国，并于北京加入俄罗斯东正教传教士团，剃度后不久便担任了牧师教职。阿法纳西一生主要的事业是对俄侨子女进行宗教教育，多年在中国的俄罗斯学校教授教法。1947 年，阿法纳西迁至旧金山并加入大教堂，负责加利福尼亚的教区教堂学校的修缮工作，曾担任大教堂下设的俄罗斯教会中学的校长。

塔伊西娅·阿纳托利耶芙娜·巴热诺娃［Баженова Таисия Анатолиевна, 1900 — 1978, 波斯特尼科娃（Постникова）］，记者，诗人，国内战争期间生活在鄂木斯克，在当地媒体上发表了自己的诗。1920 年迁居哈尔滨，在《俄罗斯之声》和《柴拉报》报社担任记者，从中国迁至美国后与俄侨媒体保持合作关系并继续从事诗歌创作。

尼古拉·费多罗维奇·巴扎诺夫（Базанов Николай Федорович, 1900—1986），军官，毕业于赤塔中学。国内战争期间服役于中国东北特遣队，1920 年在赤塔军事学校完成学业后晋升为少尉，被委派至谢苗诺夫（Г. М. Семенов）的装甲师之中任职。因战功卓越被褒奖，并晋升为中尉。后逃往中国，并从中国迁至美国加利福尼亚。

彼得·彼得罗维奇·巴拉什金（Балашкин Петр Петрович, 1898—1990），作家，记者，毕业于亚历山大军事学校，曾赴罗马尼亚前线参战。1918 年春来到远东，加入狙击骑兵团，后服役于滨海龙骑兵团，在与游击队交战时受重伤。移民日本后又迁至上海，几年后迁居美国。作为一个成功商人的巴拉什金在旧金山收购了《俄罗斯生活报》，并将其更名为《俄罗斯新闻-生活报》，还出版了文选《哥伦布之地》。1945—1965 年在韩国、日本和希腊担任军事和民事翻译。1978 年前生活在西班牙，撰写了历史题材的长篇和中篇小说。巴拉什金著有一部两卷本巨著《在中国的终点：远东白军俄侨的出现、演

进与消亡》①。该著作因其"过于客观"而受到俄侨期刊
的批评。

谢尔盖·萨姆索尼耶维奇·巴尔金（Бардин Сергей
Самсониевич, 1890—1935），哥萨克军官，毕业于尼古
拉耶夫骑兵学校，参加过第一次世界大战，晋升至大尉
军衔。国内战争结束后迁至哈尔滨，并随后移居美国加
利福尼亚。

伊戈尔·尼古拉耶维奇·别洛乌索维奇（Белоусович
Игорь Николаевич, 1922 年生），美军军官，公务员，出
生于上海。其父尼古拉·伊万诺维奇·别洛乌索维奇为
军事飞行员。伊戈尔·尼古拉耶维奇·别洛乌索维奇 1923
年随家人迁至美国旧金山。二战期间作为美国公民应征
入伍。欧洲第二战场开辟后开赴德国作战，曾参加著名
的易北河会师。二战后返回加利福尼亚，继续在加利福
尼亚大学伯克利分校学习，先后取得学士和硕士学位。
后在乔治城大学语言与语言学学院担任词典学家，参加
了美军英俄军事词典的编纂工作。别洛乌索维奇还在国
会图书馆担任图书学家，1956—1991 年供职于美国国务

---

① Балакшин П. Финал в Китае. Возникновение, развитие и
исчезновение Белой эмиграции на Дальнем Востоке. Т. 1–2. Сан-
Франциско, Париж, Нью-Йорк, 1958.

院。在美国驻苏联大使馆政治处担任过两年一等秘书。
1961 年再次应征入伍，并于 1974 年以中校军衔退役。
别洛乌索维奇多次赴苏联及俄罗斯。1995 年在易北河会
师五十周年之际，别洛乌索维奇随美国代表团访问莫斯
科和伏尔加格勒。积极参加俄裔美国人代表大会的工作，
是美国俄罗斯学术团体的成员。

尼古拉·伊万诺维奇·别洛乌索维奇（Белоусович
Николай Иванович, 1891—1956），俄罗斯军事飞行员，
伊戈尔·尼古拉耶维奇·别洛乌索维奇之父，曾就读于
阿列克谢耶夫军事学校、塞瓦斯托波尔航空学校和高级
特技飞行学校。参加过第一次世界大战，多次受伤，被
授予多枚战争勋章和圣乔治武器。1918 年在阿尔罕格尔
斯克的斯拉夫-不列颠航空队中担任指挥官。1919 年由
阿尔罕格尔斯克迁至西伯利亚，在高尔察克的司令部中
任职。国内战争后携妻儿居住在上海，1923 年举家迁往
美国旧金山，20 年来一直担任出租车司机。

安德烈·杰连季耶维奇·别利琴科（Бельченко
Андрей Терентьевич, 1873—1958），外交官。出生于一
个波尔塔瓦的哥萨克之家，后迁往沃罗涅日省。毕业于
圣彼得堡帝国大学东方系。1897 年入职外交部，但不久
之后从军，读完军校后便成为预备役准尉。1898 年末被

派驻至北京的俄罗斯外交使团。1900 年义和团运动期间参加了俄罗斯外交使团保卫战，故被授予圣弗拉基米尔四级佩剑勋章。还受到了意大利、法国、日本和中国的表彰，并因参与出征中国而获得银质奖章。1915 年成为俄罗斯驻汉口领事，且在 1920 年前一直担任俄罗斯总领事。1921 年任湖北省外国事务办公室俄罗斯事务顾问。1924—1946 年任葡萄牙荣誉领事。1948 年同妻子移民美国旧金山，从事社会活动，担任俄罗斯文化博物馆合作人。

尼古拉·彼得罗维奇·比比科夫（Бибиков Николай Петрович, 1909—1995），军官，第一次世界大战和国内战争参加者。中学毕业后作为志愿军加入第十三纳尔瓦骠骑兵团。与德军作战时，因战功卓著被授予圣乔治四级勋章，擢为旗手，授予圣安娜四级勋章。随志愿军参加国内战争，军衔升至骑兵大尉，两次受伤。

康斯坦丁·瓦西里耶维奇·波尔迪列夫（Болдырев Константин Васильевич, 1909—1995），В.Г.波尔迪列夫中将之子。其父 В.Г.波尔迪列夫在国内战争期间统帅滨海地区的白军武装力量。1922 年随武备中学一道，从符拉迪沃斯托克转移至上海，在中国作短暂停留后迁往塞尔维亚，读完了武备中学与贝尔格莱德大学建筑系。1941

年作为志愿军加入南斯拉夫部队。1945—1947 年向俄罗斯难民提供援助，尽力阻止对俄罗斯难民的强制遣返。1948 年迁至美国，在乔治城大学教书，多年从事社会活动和慈善活动。

格里高利·基里罗维奇·博洛戈夫（Бологов Григорий Кириллович, 1885—1976），军官，俄侨委员会主席，俄侨协会主席，中国哥萨克联盟主席，知名海外俄罗斯人社会活动家。曾参与将俄罗斯难民从中国疏散到菲律宾的图巴宝岛。在难民营中，博洛戈夫从事组织工作和社会活动，当选为 20 个民族组织的主席，负责解决日常问题、教堂修缮和文化生活。1949 年秋，与总统及加利福尼亚共和党人兼上议员诺兰德会见。①1950 年随难民团迁往美国，定居旧金山，继续其社会活动，担任哥萨克联盟主席以及俄罗斯中心主席。

达尼尔·伊万诺维奇·鲍罗金（Бородин Даниил Иванович, 1920—2000），工程师，发明家，社会活动家。国内战争期间，年幼的鲍罗金随家人迁往哈尔滨，在上海接受了教育，后迁至菲律宾。二战期间先后在菲律宾部队和美军中服役。战时受震伤，被日军所俘。战后离

---

① 有关博洛戈夫的社会活动详见本书第二章。

开俘虏营，迁至美国，在工厂中担任工程师，并创立了自己的企业。为 40 多件发明申请了专利，还从事社会活动，担任在美俄侨大会人权委员会主席。

维拉·鲍里索夫娜·布里涅尔（Бриннер Вера Борисовна,？—1967），尤利·布里涅尔的姐姐，珠宝商，歌手。出生于符拉迪沃斯托克的商人之家。1931 年和家人搭乘一艘英国船只偷渡至中国。在精致艺术手工学校学习绘画和雕塑，自 1939 年生活在中国东北。1946 年迁至美国，定居旧金山，在民营学校中教绘画，同时从事珠宝艺术。后迁至纽约，多次参加国际展览。人生的最后几年发觉了自身的专业歌唱能力，还曾登台演出。

尤利·鲍里索维奇·布里涅尔（Бриннер Юлий Борисович, 1920—1986），电影演员。出生于符拉迪沃斯托克。1931 年随家人非法离开苏联，迁至哈尔滨。1946 年迁往美国，成为著名的电影演员，参拍电影达 30 多部。还从事社会活动，20 世纪 60 年代任联合国难民事务高级专员顾问①。

阿列克谢·彼得罗维奇·布德别尔格（Будберг

---

① 同样出生在中国的布里涅尔的亲属——佐雅·布里涅尔及其丈夫鲍里斯·迪多维奇为作者在美开展研究工作提供了大量帮助，包括积极参与在中国生活过的俄裔美国人的问卷调查。

Алексей Петрович, 1869—1945），中将，社会活动家。
先后毕业于奥廖尔武备中学、米哈伊洛夫炮兵学校、尼
古拉耶夫总参谋部学院。有十八年一直在远东服役，以
各种指挥身份参加了第一次世界大战。国内战争时期，
布德别尔格处于西伯利亚，担任高尔察克政府的国防部
部长。白军溃败后，布德别尔格取道中国赴美。自 1924
年至逝世，布德别尔格一直都在旧金山担任伟大战争俄
罗斯老兵协会的主席。

彼得·阿列克谢耶维奇·布德别尔格（Будберг Петр
Алексеевич），学者，加利福尼亚大学伯克利分校东方语
言功勋教授。俄国国内战争结束后随家人迁往中国东北。
1924 年移居美国。从加利福尼亚大学伯克利分校毕业
后，从事科学研究和教学工作，是中国文明史和汉语领
域的专家。曾担任美国东方学会主席。

列奥尼德·布卡诺夫斯基（Букановский Леонид,
1915—1992），舞蹈家，技巧演员，喜剧演员。从上海迁
入菲律宾的图巴宝岛，后与其他俄罗斯难民于 1950 年
迁往美国旧金山，在美国继续演艺生涯。

尼古拉·叶菲莫维奇·贝科夫（Быков Николай
Ефимович, 1896—1983），军官。出生于外贝加尔，毕业
于伊尔库茨克师范学校和伊尔库茨克军事学校强化班。

1917 年 9 月晋升为准尉。1918 年初帝俄部队溃败后返回故乡西伯利亚。国内战争期间参加白军，作战时受伤，军衔升至上尉。逃往中国后又迁至美国旧金山，从事社会活动，还参加了伟大战争俄罗斯老兵协会的工作。

亚历山大·尼古拉耶维奇·瓦金（Вагин Александр Николаевич, 1884—1953），少将，曾参加第一次世界大战和国内战争。1922 年移民中国，后迁至美国，是旧金山俄罗斯中心的创始人和荣誉成员。

弗拉基米尔·维尼阿米诺维奇·瓦西里耶夫（Васильев Владимир Вениаминович, 1895—1976），军官。曾就读于西伯利亚武备中学、莫斯科第三武备中学。从彼得堡康斯坦丁诺夫炮兵学校毕业后参加了第一次世界大战。因战功卓著而被授予六枚勋章。国内战争时期为基辅的乌克兰中央拉达而战，被布尔什维克党人俘获后被判处枪决，但逃了出来。后续在白军的东部战线作战，来到了中国。定居上海时参与了上海俄罗斯军官大会的创建工作。二战后移民美国，于 1947 年成为伟大战争俄罗斯老兵协会的成员。葬于旧金山的塞尔维亚公墓。

尼娜·亚历山德罗芙娜·维尔什尼娜（Вершинина Нина Александровна, 1910—1995），芭蕾舞导演。国内战争时期随家人迁往上海，并于上海开始学习芭蕾。20

世纪中期，同姐姐一起被父母派往巴黎学习芭蕾。1929
年于巴黎在鲁滨斯坦的剧团里首次登台演出。在蒙特卡
罗、德国、英国演绎了尼日恩斯卡娅的芭蕾舞曲。1937
年迁往美国，成为舞蹈编剧，在古巴和拉丁美洲有过工
作经历。1957 年在巴西创办了尼娜·维尔什尼娜芭蕾舞
剧团。

　　玛利亚·根利霍芙娜·维济（图尔科娃）［Визи
(Туркова) Мария Генриховна, 1904—1994］，诗人。1918
年从爆发革命的彼得格勒迁往哈尔滨，逐步走上诗歌创
作之路。早期诗集在哈尔滨和上海出版。迁往美国旧金
山后，继续在俄侨期刊、集刊和文集上发表作品，发表
语言俄文、英文皆有。

　　弗拉基米尔·亚历山德罗维奇·维什涅夫斯基
（Вишневский Владимир Александрович, 1920—2000），
建筑工程师，社会活动家。1922 年随家人从符拉迪沃斯
托克迁往上海。1924 年维什涅夫斯基被带往塞尔维亚。
在塞尔维亚-克罗地亚-斯洛文尼亚王国接受了教育。20
世纪 30 年代末在南斯拉夫读完了白采尔科夫的康斯坦
丁·康斯坦丁诺维奇大公第一俄罗斯武备中学。从王国
军事学院毕业后成为南斯拉夫部队的军官。曾参加第二
次世界大战，隶属俄军巴尔干军团。战后来到奥地利，

后又在委内瑞拉生活多年，习得建筑工程师专业。1991
年迁往美国，曾居住于萨克拉门托和华盛顿。参加社会
活动，是海外俄罗斯武备中学学生联合会成员。从 1993
年起参加俄罗斯全军联盟（РОВС），并于 2000 年 2 月成
为该联盟的主席。

亚科夫·迪奥尼西耶维奇·弗拉索夫（Власов Яков
Дионисиевич），歌手，画家。年轻时居住在上海，后迁
至美国，在阿冯斯基合唱团、扎罗夫合唱团和科斯特留
科夫合唱团演出，画肖像画和静物。于纽约逝世。

鲍里斯·尼古拉耶维奇·沃尔科夫（Волков Борис
Николаевич, 1894—1954），第一次世界大战和国内战争
老兵，诗人。国内战争时期参加白军，战后来到蒙古，
在中国又生活了一段时间后，于 20 世纪 20 年代初期迁
往美国，定居于旧金山，在港口做装卸工。从事诗歌创
作后开始在俄侨期刊和各类文选文集中发表作品。1934
年出版诗集《异乡道路的灰尘之中》。在车祸中受伤身亡。

格奥尔吉·米哈伊洛维奇·沃尔科夫（Волков
Георгий Михайлович, 1914—2000），核物理专家。1922
年随父母偷渡至加拿大，但旋即又举家迁往中国东北，
在那里的一所美国中学毕业并取得金牌。为接受高等教
育，沃尔科夫又回到北美，毕业于加利福尼亚大学伯克

利分校，被授予博士学位。沃尔科夫参加了曼哈顿计划，在核物理领域被授予诸多奖励和荣誉称号。

阿纳斯塔西•普罗科彼耶维奇•沃罗布丘克-扎戈尔斯基（Воробчук-Загорский Анастасий Прокопьевич, 1881—1963），记者，社会活动家。国内战争时期来到中国，并在中国参加了高尔察克军队的志愿军。曾担任天津俄罗斯民族团体主席，在香港生活了一段时间后又迁往上海。与俄语媒体保持着合作关系。1950 年同妻子迁入美国，定居于旧金山，在《俄罗斯生活》杂志编辑部工作。曾任俄美协会理事会成员。

米哈伊尔•瓦列里耶维奇•维索茨基（Высоцкий Михаил Валерьевич, 1890—1969），军官。曾参加第一次世界大战和国内战争。在白军向东部撤退期间患病，并被疏散至哈尔滨。第一次世界大战后迁往美国洛杉矶，曾任伟大战争俄罗斯老兵协会成员。

弗拉基米尔•弗拉基米罗维奇•甘布尔采夫（Гамбурцев Владимир Владимирович, 1880—1957），律师，绘画爱好者。1917 年担任西伯利亚地区法院的副检察长。国内战争期间移民至中国，在哈尔滨居住若干时间后迁至美国。后又于 1930 年迁至波兰，在那里接受了教育并供职于法院部门，继续其律师生涯。二战末期，因苏联红军的逼近而迁往德国。1950 年又迁回美国,在纺织厂工作,负责为布匹设计花纹。

斯捷潘·弗拉基米罗维奇·格利捷尔(Гельтер Степан Владимирович, 1893—1977),军官,建筑工程师,在西伯利亚出生长大。起初以后备军士官、后以准尉的身份参加第一次世界大战。国内战争期间加入白军,在西伯利亚作战,后携妻子赴哈尔滨定居。1923 年迁入美国旧金山,并从加利福尼亚大学伯克利分校毕业,并作为具有资质的建筑工程师供职于国家部门。还曾从事社会活动,是伟大战争俄罗斯老兵协会的荣誉会员。

尼古拉·亚历山德罗维奇·格尔佐-维诺格拉茨基(Герцо-Виноградский Николай Александрович, 1875—1941),军官,社会活动家。曾参加第一次世界大战和国内战争,在高尔察克的麾下作战于西伯利亚。白军溃逃至符拉迪沃斯托克后,格尔佐-维诺格拉茨基迁至中国,生活在哈尔滨,任炮兵小组副组长,还曾从事慈善和社会活动。1923 年迁居美国,曾任旧金山的伟大战争俄罗斯老兵协会的发起人之一,几年后当选该组织的副主席。曾被基里尔·弗拉基米罗维奇大公晋升为少将。

格奥尔吉·康斯坦丁诺维奇·金斯(Гинс Георгий Константинович, 1887—1971),律师,哲学家,评论家。

从圣彼得堡帝国大学毕业后供职于土地管理和农业总局。第一次世界大战期间于彼得格勒大学民法系教书。十月革命后迁至西伯利亚，投身于社会政治生活，并加入高尔察克的部长会议，领导国家经济会议，任部长会议总办。1920年移民中国，定居哈尔滨，担任中东铁路教育机构委员会主席，并担任《俄罗斯观察》杂志编辑逾七年。还从事教育和科学工作，在哈尔滨商业学院法学系任教。在巴黎完成了硕士论文答辩，1927—1938年在民法、哲学和社会心理学领域出版了数本俄语书籍。1941年投奔其在美国加利福尼亚的儿子们。在加利福尼亚从事社会政治活动。金斯在俄侨媒体上发表了大量作品，还参与《俄罗斯生活》报的编辑工作。金斯还成为加利福尼亚大学伯克利分校的教授，且十年来一直在美国情报部门任职，是美国俄罗斯学术团体成员、连带主义构想的设计人员，同科学与技术理事会的出版机构有合作关系。

姆斯季斯拉夫·彼得罗维奇·戈洛瓦乔夫（Головачев Мстислав Петрович, 1893—1957），学者，记者，社会活动家。出生于西伯利亚的叶尼塞斯克。从莫斯科帝国大学法律系毕业后在鄂木斯克法院担任陪审团代办助理。1917年在托木斯克大学任国际法教授。1918年任西伯利亚临时政府外交部部长。1919 年从鄂木斯克逃往符拉迪沃斯托克，先后任远东大学国际法教授和阿穆尔政府外交部部长。1922 年秋移民至中国，居住在哈尔滨，讲授国际法课程，参与政治活动。1936 年被侵华日军当局由哈尔滨驱逐至上海。在上海任律师、中央慈善委员会副主席，为俄罗斯难民提供援助，并编辑俄语报纸。1949 年逃往菲律宾的图巴宝岛。1950 年随俄侨团赴美。与《俄罗斯报》（纽约）有合作关系。

伊戈尔·维克托罗维奇·戈卢布科夫（Голубков Игорь Викторович, 1903—1969），在西伯利亚参加过国内战争。1920 年在远东军司令部任军官。1922 年秋白军撤退期间来到中国，居住在上海。工作于上海公共租界工部局，后工作于巡捕房。1947 年迁至美国旧金山。

谢尔盖·亚科弗列维奇·戈尔捷耶夫（Гордеев Сергей Яковлевич, 1897—1973），官员，第一次世界大战和国内战争参加者，曾以中尉军衔作战于白军的东部战线。国内战争结束后移民至中国，定居于上海，在英国和美国的企业工作。1945 年借道菲律宾前往美国，加入了旧金山的伟大战争俄罗斯老兵协会。

阿纳托利·德米特里耶维奇·戈尔洛夫斯基（Горловский Анатолий Дмитриевич, 1879—1926），医生，社会活动

家。1914年前在库尔斯克经营一家私营诊所，后迁入莫斯科，管理残疾军人诊疗所和疗养院。1918年被城市联合会派驻至西伯利亚，组织卫生技术和疗养事宜。又从伊尔库茨克被派往中国，在汉口俄租界当医生，并作为俄侨留在这里。1921年迁往美国纽约，在美国参与了俄罗斯医生协会的创建工作。

亚历山大·亚历山德罗维奇·格拉莫京（Грамотин Александр Александрович, 1895—1967），哥萨克军官，第一次世界大战和国内战争参加者，获五枚战争勋章。1915年末被调往沙皇本人的护送队。国内战争期间，先是在俄罗斯南部与红军交战，后加入志愿军。1919年由重大案件司法调查员索科罗夫管辖。索科罗夫曾参与前任沙皇尼古拉二世遇刺一案。次年，格拉莫京移民中国，曾居住于哈尔滨和上海，加入了远东俄罗斯军官的多个老兵协会。在上海法国警察部门供职。1947年移民美国，是伟大战争俄罗斯老兵协会的成员。

阿列克谢·德米特里耶维奇·格拉莫托夫（Грамотов Алексей Дмитриевич, 1882—1954），日俄战争、第一次世界大战和国内战争参加者，获多枚战争勋章和圣乔治武器。1916年晋升为上校，国内战争期间在志愿军中作战，1919年末加入高尔察克的西伯利亚军，并参加了著

名的"冰原行军"。国内战争结束后移民至中国，居住在
哈尔滨。1923 年迁至美国，靠重体力劳动谋生。曾参与
俄侨的社会活动，是旧金山的伟大战争俄罗斯老兵协会
成员。

帕维尔·维克托罗维奇·格里巴诺夫斯基（Грибановский
Павел Викторович, 1912—1994），文学家，大司祭。1920
年随父母移民至保加利亚，后移民至法国。1930 年随家
人迁往中国，起初生活在哈尔滨，后来生活在上海，在
法国警察部门工作。1949 年迁至美国加利福尼亚，曾在
蒙特雷的军事学校中教俄语。在西雅图大学获博士学位，
研究扎伊采夫（Б. К. Зайцев）的创作，教授俄语和俄罗
斯文学。1979 年接受了副牧师按手礼，被委任为加利福
尼亚一家教堂的堂长。格里巴诺夫斯基还是美国俄罗斯
学术团体的成员。

谢尔盖·伊万诺维奇·古谢耶夫-奥伦布尔格斯基
（Гусеев-Оренбургский Сергей Иванович, 1867—1963），
记者，文学家。出生于奥伦堡的一个哥萨克家庭。毕业
于乌法神学校，并担任牧师一职。曾任乡村教师，但很
快便放弃了教职，并开始文学创作，在其出版的短篇小
说中描绘了奥伦堡草原居民的生活。在 20 世纪初与高
尔基保持着密切的关系，并与其在知识出版社合作。1917

年十月革命后定居喀山，后迁往乌克兰的克里米亚，又从那里移居至西伯利亚。1921 年移民中国东北，在哈尔滨加入了作家和记者协会，并担任文学艺术组文学分组的领导职务。1922 年末从中国迁至美国纽约，从事文学和社会活动。20 世纪 20 年代中期在《生活》杂志中负责编辑工作。在其撰写的短篇和中篇小说中审视了十月革命和国内战争期间俄国生活的现实。

伊万·萨维奇·古济（Гузь Иван Савич, 1891—1982），军官，第一次世界大战和国内战争参加者，曾在白军东部战线作战。毕业于伊尔库茨克第二准尉学校，曾受伤，并被授予三级安娜佩剑带花结勋章。国内战争后移民中国，后又从中国移民至美国旧金山。从事社会活动，是伟大战争俄罗斯老兵协会成员。

尼古拉·伊万诺维奇·达马斯金（Дамаскин Николай Иванович, 1902—1970），电气工程师，社会活动家。出生于比萨拉比亚省，后随家人迁往中俄边境地区。国内战争期间来到哈尔滨，并在那里的俄罗斯中学读完了中学的最后两年。为继续接受教育，于 1922 年迁入美国。1930 年从匹兹堡大学毕业，获电气工程师学位证。曾在化工厂对口工作，还在社会工作局任职。从事社会活动，担任美国高校俄罗斯毕业生协会主席。还曾担任俄美工程师协会创始人和领导人、普希金协会出纳员、圣弗拉基米尔俄罗斯东正教协会主席。与诸多海外俄侨创立的文化和慈善组织保持合作关系。

尼古拉·尼古拉耶维奇·德沃尔日茨基（Дворжицкий Николай Николаевич），第一次世界大战和国内战争参加者，曾随白军在西伯利亚作战。后移民至中国东北，居住哈尔滨期间担任俄罗斯周报《远东之火》的编辑，与中国的诸多俄侨出版社保持合作关系。以"阿尔"的笔名开启了写作和诗歌出版之路。1923年迁居美国，在哈佛大学教授俄语，并担任《俄罗斯报》的编辑。加入了美国俄罗斯诗人小组。

亚科夫·利沃维奇·杰伊奇（Дейч Яков Львович，1896—1956），作家，第一次世界大战和国内战争参加者，曾随白军在远东战线作战。1919—1920年在高尔察克的西伯利亚军战地法庭担任侦查员。1920年移民日本。自1922年起迁居中国东北，以"洛维奇"的假名在哈尔滨的博迪斯科图书馆工作，还在《喉舌》报有过发表。1927年迁居上海，与《上海柴拉报》和《边缘》合作。在哈尔滨的《边界》杂志上有过发表，撰写过长篇、中篇和短篇小说，是《白色殉难地》一书的作者之一，讲述的是反布尔什维克者的命运。第二次世界大战结束后随俄罗斯难民团从中国疏散至菲律宾图巴宝岛。1951 年迁居美国。

伊万·伊万诺维奇·迪尔（Диль Иван Иванович），飞机设计师。自 1910 年起从事飞机制造，1914 年被任命为西南战线空军航空园区主任。1916 年设计出自己的第一架双翼歼击机。国内战争期间移民中国东北，1921 年设计并制造了一架新飞机，并创立了暑期学校。1924 年移民美国，并为其可变机翼空袭角度战机和可折叠机翼飞机注册了两项专利，还发明了可变螺距螺旋桨。

瓦西里·瓦西里耶维奇·德米特里耶夫（Дмитриев Василий Васильевич, 1870—1947），军官，第一次世界大战和国内战争参加者，服役于阿年科夫（Б. В. Анненков）部队。布尔什维克党人胜利后移民至哈尔滨，后迁至上海。又从上海移民至美国，在工厂工作。

安东·安东诺维奇·多布科维奇（Добкевич Антон Антонович, 1892—1973），军官，第一次世界大战和国内战争参加者。1918 年被委任为中东铁路用地俄军工程处主任助理。国内战争后取道中国移民至美国，在加利福尼亚逝世。

鲍里斯·阿弗杰耶维奇·多尔戈沃-萨布罗夫（Долгово-Сабуров Борис Авдеевич, 1890—1952），军官，第一次

世界大战和国内战争参加者。出身于古老的贵族之家，被授予多枚战争勋章，包括圣乔治武器。1918 年来到西伯利亚，以炮兵上校的军衔参与同红军的作战。曾担任各类指挥职务。国内战争后移民中国东北，起初生活在哈尔滨，后来到奉天（今沈阳）。1924 年迁居美国，定居旧金山，工作闲暇时从事社会活动。曾担任伟大战争俄罗斯老兵协会副主席以及代主席。在俄侨期刊上有过发表，参与过慈善活动。

奥列斯特·德米特里耶维奇·杜尔诺沃（Дурново Орест Дмитриевич, 1869—1934），军官，数学家，宗教哲学家。国内战争期间随白军在西伯利亚征战。后移民中国，于 1920—1924 年生活在哈尔滨，后移民加拿大，是旧礼仪派俄罗斯难民教徒自华向北美迁移的倡议者之一。1924—1929 年，在他的参与下，有数百同胞被运往加拿大。

亚科夫·亚历山德罗维奇·叶利辛（Ельшин Яков Александрович, 1892—1976），写生画家。曾参加第一次世界大战。国内战争后移民中国，居住在上海，以漫画师的身份与各期刊保持合作关系。1923 年迁居美国，在西雅图继续从事艺术创作。

尤里·阿纳尼耶维奇·叶梅利扬诺夫（Емельянов

Юрий Ананьевич,？—1964），军官，外交家。1917 年 2 月毕业于尼古拉耶夫骑兵学校。国内战争期间来到西伯利亚，指挥白军骑兵部队，并加入了谢苗诺夫的部队。鉴于叶梅利扬诺夫通晓数门欧洲语言，谢苗诺夫便派其随从外交使团前往日本。国内战争结束后，叶梅利扬诺夫移民至中国，供职于法国驻上海领事馆。后迁至加拿大，以商务随员的身份供职于法国驻温哥华领事馆。

亚历山大·根纳季耶维奇·叶菲莫夫（Ефимов Александр Геннадиевич, 1888—1972），军官，第一次世界大战和国内战争参加者。1914—1917 年参战，受过挫伤，被授予七枚战争勋章。1918 年参加伊热夫起义，先后率团和混成旅与红军交战于西伯利亚，两次受伤，多次被表彰。1920 年因战功卓著而晋升为上校。迁入中国后，在上海短暂生活过一段时间。1923 年迁居美国，多年以来一直搜集关于伊热夫起义的史料。在加利福尼亚逝世后，其书《伊热夫人与沃特金人》（康科德，1975）得以出版。

瓦尔瓦拉·扎尔斯卡娅（Жарская Варвара），合唱指挥，出生于西伯利亚。自 16 岁起便开始在教堂合唱团担任指挥。十月革命后移民中国，起初生活在哈尔滨，担任女修道士合唱团的指挥，后迁居上海，在里姆斯基-科萨科夫学校学习。曾在上海歌剧院中演出，在医院担任过看护妇。20世纪40年代末移民至委内瑞拉，在加拉加斯的俄罗斯合唱团中工作。不久后移居美国，任加利福尼亚俄罗斯合唱团指挥，曾居住于新泽西州和康涅狄格州，后迁至阿拉斯加，在那里领导教堂合唱团。与有东正教信仰的特林吉特印第安人共事。

弗拉基米尔·尼古拉耶维奇·热尔纳科夫（Жернаков Владимир Николаевич, 1909—1978），经济学家，边疆志学家，出生于西伯利亚。国内战争时期随家人迁至中国东北。在哈尔滨生活期间，从哈尔滨法政大学经济系完成学业。1932—1945年任哈尔滨博物馆经济处主任，1939—1949年任哈尔滨博物馆联合馆长。自1943年起在哈尔滨青年人基督教联盟学院任教，1947—1951年在哈尔滨工业大学任教。1946—1950年担任哈尔滨交通经济常设展主任及哈尔滨工业大学科学技术处处长。1951—1962年担任黑龙江省博物馆馆长助理兼顾问。20世纪60年代迁至澳大利亚，不久后又来到美国，在旧金山继续从事中国东北历史和中国经济地理研究。以俄语、汉语和日语共发表149篇学术文章，多年以来一直是美国俄罗斯学术团体的成员。

基里尔·约瑟福维奇·扎伊采夫（Зайцев Кирилл

Иосифович, 1887—1975），神学家，文学评论家，政论家。毕业于彼得堡理工学院及圣彼得堡帝国大学法律系。1920 年移民至法国，后迁至捷克斯洛伐克。曾任巴黎大学俄罗斯法律系编外副教授，在俄侨期刊上发表过其批评文章及随笔。是俄罗斯历史学会及布拉格俄罗斯作家联盟成员。1934 年于柏林出版《布宁——生活与创作》一书。参加过俄罗斯知识分子的社会活动。1934 年（也有消息称 1936 年）来到中国东北，定居于哈尔滨，并继续从事教学和文学活动。曾任俄罗斯师范学院政治经济学教授。20 世纪 30 年代移居上海。1945 年成为牧师，出版过神学和宗教历史方面的著作。著名的《苏俄东正教会》一书就出自他的笔下。1948 年迁居美国，并于次年在乔尔丹维尔接受了剃度礼。任《东正教罗斯》杂志的编辑，在圣三一神学校教授神学学科及俄罗斯文学史。教职至修士大司祭。

彼得·伊万诺维奇·扎伊采夫（Зайцев Петр Иванович, 1884—1953）军官，矿业工程师，记者，社会活动家。毕业于圣彼得堡矿业学院。以后备军士官生的身份进入西伯利亚第十炮兵旅。1913 年升为准尉。1914 年供职于交通部，被派至阿穆尔河流域水路交通局。1918 年移民中国并在中国东北定居，供职于鄂木斯克政府驻远东最高代表处，曾任中国东北边疆区研究会主席。1923年迁居上海，从事新闻工作，参编俄语报纸《言论》。1948年迁至美国旧金山，开始负责《俄罗斯生活》报的编辑工作。还曾从事社会活动，参与到数千从菲律宾难民营迁至美国的俄侨的命运之中。

亚历山大·伊万诺夫（Александр Иванов，1879—1925），军官，日俄战争、第一次世界大战和国内战争参加者。十月革命后追随白军在西伯利亚作战，后移民中国，先后生活在哈尔滨和上海。1923年移居美国，定居于西雅图，因意外事故逝世。

伊奥安神父［米哈伊尔·鲍里索维奇·马克西莫维奇（Михаил Борисович Максимович），1896—1966]，上海和旧金山大主教。出身于贵族之家，先后毕业于彼得罗夫-波尔塔瓦武备中学和哈里科夫大学法律系。国内战争期间移民至塞尔维亚-克罗地亚-斯洛文尼亚王国。后毕业于贝尔格莱德大学神学系。1926年接受剃度礼，被派驻至中国上海，任上海大主教。1949年赴美，动用其在宗教界的关系来帮助俄罗斯难民前往菲律宾。曾短暂工作于比利时布鲁塞尔，后被派驻至加利福尼亚，负责领导旧金山主教辖区。在其积极参与下，"所有悲痛者的喜悦圣母大教堂"（Кафедральный собор Пресвятой

Богородицы всех скорбящих радости）得以建成。

伊奥阿萨夫神父［斯杰潘·安托纽克（Степан Антонюк）］，主教。出生于沃伦，1922 年接受完宗教教育后，受按手礼成为牧师，先后在赤塔和哈尔滨领导教区工作。1930 年离开中国，动身前往美国，在康涅狄格州斯特拉特福的圣尼古拉耶夫教堂当了近 40 年的堂长，多年以来一直担任著名飞机设计师西科尔斯基（И. И. Сикорский）的神父。

叶甫盖尼娅·谢尔盖耶芙娜·伊萨延科（Исаенко Евгения Сергеевна, 1899—1969），文学家。在中国哈尔滨度过了其童年和青年时代。20 世纪 20 年代初期随俄罗斯大学生团赴美[①]，定居于旧金山，靠体力劳动谋生，当过工厂包装工人、洗碗工、缝工。参与加利福尼亚俄侨的社会活动，并开始在俄侨期刊上发表短篇小说。著有长篇小说《风滚草》。

尼古拉·谢尔盖耶维奇·卡拉什尼科夫（Калашников Николай Сергеевич, 1888—1961），记者，作家，社会活

---

① 自华赴美俄罗斯大学生团的历史详见本书第一章。参见：Еловский И. Русские студенты в Калифорнии. Сан-Франциско, 1924.; архивные материалы см.: АМРК. Архив Студенческого общества в Берклее. Ящик 1.

动家，在西伯利亚出生长大。曾参与革命运动，被流放
至北极地带长达五年。1914 年以志愿军的身份赴前线英
勇作战，官衔升至大尉。临时政府时期任伊尔库茨克军
区部队领导人助理，十月革命后追随全俄立宪会议委员
会作战。1919 年移民中国，1924 年迁居美国，1930 年
获美国国籍，并开始从事文学创作。1939 年以英语出版
第一本书《拿起剑的人》，后续又撰写了数本书，获得了
美国评论界的好评。担任美国文学基金会理事会成员，
还从事社会活动。1949 年成为为人民自由斗争联盟的创
始人之一。

维克多·彼得罗维奇·卡姆金（Камкин Виктор
Петрович,？—1974），西伯利亚"白军运动"参与者，出
版商。还未读完实科中学便追随白军参加国内战争，在
高尔察克的军中作战。后移民至中国，生活在哈尔滨，
在那里完成了教育，读完实科中学并获法学毕业证书。
迁居上海期间办了出版社、书店和图书馆。曾担任俄侨
自华迁至菲律宾协会的主席。1949 年与其他同胞一道疏
散至图巴宝岛，后迁入美国，在田纳西州成为农场主。
不久后又开始经营书籍贸易，在俄侨中很快便享有极高
的知名度。卡姆金还从事出版活动，出版了古米廖夫（Н.
С. Гумилев）文集和其他俄侨诗人的文选。死后书籍贸

易由其遗孀叶莲娜·安德烈耶芙娜接手。

谢苗·阿尔卡季耶维奇·卡尔林斯基（Карлинский Семен Аркадьевич），第二次世界大战参加者，文学家。出生于哈尔滨，1938 年随父母迁至美国，在洛杉矶读完了中学，并于 1943—1946 年在美军服役，在对德管制委员会中担任翻译，在美国国务院系统和西柏林美军司令部中担任通信官。在巴黎接受了音乐教育，开始从事音乐创作。返回美国后，其关于玛琳娜·茨维塔耶娃的博士论文通过答辩。在加利福尼亚大学伯克利分校成为教授，领导斯拉夫语言文学系，还曾在哈佛大学任教。1993 年退休，从事社会活动，著有学术成果 250 篇。

谢尔盖·利沃维奇·卡尔平斯基（Карпинский Сергей Львович, 1896—1983），军官。毕业于米哈尔沃夫炮兵学校。1917 年秋被派往高加索前线，国内战争时期在乌拉尔、西伯利亚和远东为白军作战，曾参加西伯利亚"冰原行军"，因战功卓著晋升至上尉并被授予战争奖章。后随战友疏散至中国，被关押在拘留营中。1923 年来到哈尔滨，一直在此生活到 1963 年，后迁居美国旧金山，从事社会活动，任伟大战争俄罗斯老兵协会成员，还短暂担任过该组织的副主席和秘书。

康斯坦丁·巴甫洛维奇·卡尔波夫（Карпов Константин

Павлович），建筑工程师。生活在哈尔滨，1926 年于此毕业于建筑学院，后迁居美国，并于 1934 年在加利福尼亚大学伯克利分校获得学士学位。在水坝和灌溉系统的施工工地担任工程师。从事发明工作，在学术期刊上有过发表。

谢尔盖·弗拉基米罗维奇·卡萨特金（Касаткин Сергей Владимирович），语文学家。1917 年出生于鄂木斯克。国内战争时期其父母将其送至中国东北，在哈尔滨读完了东方语言和商学学院。曾工作于哈尔滨和上海的商业企业，还以少校的军衔供职于英国驻爪哇岛和日本的军队之中。第二次世界大战后移居美国，毕业于加利福尼亚大学伯克利分校，专业为东亚语言。1950 年获学士学位，两年后获硕士学位，以语文学家的身份参编英蒙词典。曾撰写多篇学术文章和教学法文章，是美国俄罗斯学术团体的成员。

康斯坦丁·伊万诺维奇·克卢格（Клуге Константин Иванович, 1884—1960），军官，第一次世界大战和国内战争参加者。毕业于基辅军事学校，服役于帝国军队各部。1914 年起赴前线参战，重伤，并被授予战争勋章，其中也包括四级圣乔治勋章。1916 年晋升为大尉，曾在白军的东部战线作战。1918 年任外贝加尔第一独立旅参谋长，国内战争末期被晋升为上校，后移民中国，生活在哈尔滨和上海，在法国志愿连中服役。1949 年迁至菲律宾图巴宝岛，并于 1950 年从那里迁至美国加利福尼亚，从事社会活动。死后葬于旧金山。

阿列克谢·尼古拉耶维奇·克尼亚泽夫（Князев Алексей Николаевич, 1909—1993），军官，工程师。出生于中东铁路齐齐哈尔站的一个军官家庭，其父服役于外阿穆尔铁路旅。阿·尼·克尼亚泽夫曾在哈巴罗夫斯克武备中学哈尔滨预备学校学习，毕业于中东铁路商学校和哈尔滨美国中学。1933 年毕业于哈尔滨工业学校，获电气工程师证书，同时修完俄罗斯全军联盟军事班，后修读完俄罗斯全军联盟为期两年的军校课程，晋升至外贝加尔哥萨克军少尉。曾工作于天津和上海。20 世纪 40 年代末迁至菲律宾图巴宝岛，1951 年迁居美国。1954—1963 年服役于美国军队，后在各类美国集团公司中担任工程师，还从事社会活动。多年以来一直在俄罗斯童子军组织工作，曾任俄罗斯童子侦察兵民族组织的侦察长。1975 年加入伟大战争俄罗斯老兵协会，负责编辑协会杂志。

伊万·德米特里耶维奇·克尼亚泽夫（Князев Иван Дмитриевич, 1887—1971），医生。1913 年毕业于喀山大学医学系，第一次世界大战期间担任军队外科医生，参与符拉迪沃斯托克军医部门的协调工作。1918 年迁居中国东北，在哈尔滨的一家医院上班，建立了一家生产狂犬病疫苗的实验室。在哈尔滨和上海还有过私人接诊的经历。1947 年移居美国，曾在纽约和加利福尼亚工作，从事白血病的科学研究工作。曾任美国医学联合会和俄美医学协会的成员。

尼古拉·伊万诺维奇·克尼亚泽夫（Князев Николай Иванович，1881—1959），军官，第一次世界大战和国内战争参加者。毕业于阿列克谢耶夫军事学校，曾服役于驻扎在哈尔滨市的外贝加尔第四铁路营。第一次世界大战期间为前线铁路部队筹备招兵事宜。1918 年所在团解散，遂供职于中东铁路。国内战争时期，供职于华东地区交通局，任哈尔滨和东北铁路火车站军事运输管理员。随后的 15 年在哈尔滨工业学校担任实验员。1940—1948 年生活在天津。1949 年迁至美国，定居在旧金山，担任房屋管理员谋生。还参与了俄侨的社会活动，是伟大战争俄罗斯老兵协会的成员。

亚历山大·尼古拉耶维奇·科瓦连科（Коваленко Александр Николаевич，1894—1963），军官，第一次世界大战和国内战争参加者。从伊丽莎白格勒骑兵学校毕业后，服役于乌苏里哥萨克旅的滨海龙骑兵团。第一次世

界大战期间在前线作战时受伤，且因战功卓著而被多次
表彰。十月革命后迁往远东，服役于外阿穆尔军区司令
部巡洋舰舰队。投身"白军运动"，参与了滨海龙骑兵团
的组建，并以上尉身份统领该团中的一支骑兵连。后负
伤，被授予四级圣乔治勋章。国内战争后移民中国，居
住在上海。后续又从上海迁至美国旧金山，参加社会活
动，是伟大战争俄罗斯老兵协会的成员。

斯捷潘·斯捷潘诺维奇·科坚采夫（Козенцев Степан
Степанович, 1899—1975），军官。出生于西伯利亚，毕
业于伊尔库茨克中学后，进入技术学院就读。1917 年十
月革命爆发后追随白军在东部战线作战。1920 年从赤塔
军事学校毕业后晋升为少尉，服役于谢苗诺夫的装甲列
车营之中。国内战争结束后移民至中国，生活在哈尔滨。
1923 年移居美国，定居在旧金山，并在那里继续接受了
教育。第二次世界大战期间被征至美军，担任军事翻译
员。1945 年后在萨克拉门托市任电梯司机，后担任绘图
员。抵达美国后，一直以来都在从事社会活动，加入了
伟大战争俄罗斯老兵协会。

伊万·安德烈耶维奇·科尔钦（Колчин Иван Андреевич,
1893—1967），合唱指挥。出生于维亚特卡省，接受过音
乐教育，专攻宗教声乐。1912—1917 年就读于喀山大学

期间领导校合唱团。国内战争期间移民中国，在哈尔滨郊区的一个教会合唱团担任指挥。20 世纪 30 年代迁至上海，在其领导的圣尼古拉教堂之下建立了合唱团。与此同时，科尔钦还作为专业合唱指挥领导非宗教男合唱团，并率团在中国和其他国家的各城市巡演。1940 年被邀请至美国旧金山，1962 年前一直领导圣三一教堂的合唱团。与此同时，科尔钦还继续从事非宗教声乐，率其创建的男合唱团在加利福尼亚巡演。

弗拉基米尔·约瑟福维奇·科涅维加（Коневега Владимир Иосифович,？—1934），军官。毕业于西伯利亚武备中学、米哈尔洛夫炮兵学校和米哈尔洛夫炮兵学院。曾服役于西伯利亚第四迫击炮营，第一次世界大战期间赴前线作战。国内战争期间在鄂木斯克炮兵学校教书，后移民中国，定居哈尔滨，在一所实科中学任数学和物理教师。20 世纪 20 年代迁居美国旧金山，从事社会活动，任伟大战争俄罗斯老兵协会荣誉会员和秘书。在一场车祸中受伤身亡。

奥列格·伊波利托维奇·科尔（科尔纳托维奇，Корнатович Олег Ипполитович），1916 年出生于赤塔的一个军官之家。其父曾服役于边防军。国内战争期间随家人来到中国东北，在哈尔滨市进入俄罗斯中学开始学习汉语。1929 年随家人迁至美国。毕业于华盛顿大学，专攻俄语、汉语和政治科学。加入美国国籍，参加了第二次世界大战，被派往印度，赴缅甸作战。军衔高居大尉。1946 年被委任至东京麦克阿瑟将军的司令部。后续在位于朝鲜的军事情报机关任职，又作为中央情报局员工在德国和伊朗工作。1962 年返回美国，任职于美国国家安全局。后以中校的军衔从美军退役。

瓦西里·米哈伊洛维奇·科尔仁科（Корженко Василий Михайлович, ? —1961），军官。在圣彼得堡就读于精神神经学院，后就读于特维尔骑兵学校。第一次世界大战期间在空军中服役，担任空中观察员。因战功卓著而被授予圣乔治武器。1918 年从尼古拉耶夫军事学院修完课程，后在白军的东部战线作战。国内战争结束后移民中国，生活在哈尔滨，在中东铁路中任职。随后迁至美国，定居旧金山。

瓦吉姆·弗拉基米罗维奇·克拉索夫斯基（Красовский Вадим Владимирович, 1911—1988），社会活动家。出生于帝俄军队的一个上校家庭。国内战争期间随家人来到西伯利亚，又从西伯利亚移民至中国东北，定居在哈尔滨，并在那里先后读完了俄罗斯中学和英国学校。后供职于各商业公司。1934 年移居上海，在那里从事童子军活动，加入了上海志愿者团体，协助上千俄侨从中国疏散。1954 年随家人取道泰国曼谷和中国香港迁至美国，定居在加利福尼亚。在加利福尼亚他发起创立了东正教兄弟会，以纪念"在俄罗斯大地上散发光辉的诸圣"。克拉索夫斯基还是美国俄侨大会加利福尼亚分部的创始人之一。

阿拉·弗拉基米罗芙娜·克龙（Крон Алла Владимировна），文学家。国内战争期间，其家人移民至中国东北，克龙便在那里出生。20 世纪 30 年代中期随父母迁居上海，在俄罗斯中学学习了三年后，在天主教中学继续接受教育。开始从事文学创作，与哈尔滨和上海的期刊有合作关系，如俄语杂志《边界》《思想与创作》和《上海柴拉报》。在远东俄罗斯诗人大赛中被授予三等奖。1945 年后移居美国并开始用英文写作，作品有：描写西伯利亚国内战争事件的《日出东方》、背景为 1905 年到第二次世界大战这一时期的《中国东北的风》。

克罗波特金·伊戈尔（Кропоткин Игорь，1919—1987），书商，帝俄军官之子。其父在国内战争期间丧生，其父死后随母亲移民中国，在 1927 年又从中国移民至美国。1941 年在纽约涉足书籍贸易，在斯克里布纳（Скрибнер）书店任职员，逐步升至该书店总经理一职。

后担任"查尔斯·斯克里布纳和他的儿子们"集团董事长。自 1962 年起任美国书商协会主席，自 1965 年起任纽约书商联盟主席。

克鲁泽恩施特恩·彼捷列茨·冯，尤斯金娜·弗拉基米罗芙娜（Крузенштерн-Петерец фон, Юстина Владимировна, 1903—1983），记者，俄罗斯著名航海家克鲁泽恩施特恩后裔，出生于远东的一个军官之家。国内战争时期随母亲移民中国东北，定居在哈尔滨，在此接受了教育并开始与俄语期刊合作。后移居上海，并以记者的身份在《上海柴拉报》报社工作。还在英文报纸《北部中国新闻》（*North China News*）有发表。其简讯和小品文均署笔名"开心小鬼"。嫁给俄罗斯诗人、评论家尼古拉·别捷列茨（Николай Петерец）。曾参加"星期五"上海文学小组的工作，并开始诗歌创作。第二次世界大战之后丧偶，在新中国生活数年，后从中国辗转迁至巴西，又于 20 世纪 60 年代从巴西来到美国，任职于美国之音电台俄罗斯分部。与纽约的《新俄罗斯言论》报有合作关系，撰写分析短评，主持文化教育栏目。曾在《复兴》杂志发表作品，著有数篇关于远东俄罗斯诗人的文章。1982 年完成在美国之音电台的工作，并应邀来到加利福尼亚，担任旧金山《俄罗斯生活》报的编辑职务。

列奥尼德·弗拉基米罗维奇·克雷扎诺夫斯基
（Крыжановский Леонид Владимирович, 1887—1967），
军官，第一次世界大战和国内战争参加者，在西伯利亚
的托木斯克技术学院矿业部修读了四年学业。1915 年第
一次世界大战爆发之初被派往亚历山德罗夫军事学校学
习，并从速成班毕业。在托木斯克的西伯利亚第 25 预备
营短暂服役后被派往前线，以中尉军衔担任连长。还曾
参加国内战争，在西伯利亚政府军中作战，后加入高尔
察克的第一集团军。白军溃败后撤退至中国东北境内，
定居哈尔滨，供职于中东铁路警卫队。1923 年移民美国，
定居西雅图，后迁至旧金山，从事装订工作谋生。还参
加社会活动，四十年来一直是伟大战争俄罗斯老兵协会
成员。

格奥尔吉·瓦西里耶维奇·库迪诺夫（Кудинов
Георгий Васильевич, 1886—1969），歌剧歌唱家，国内
战争时期在符拉迪沃斯托克的白军舰队服役。后迁居中
国，居住在哈尔滨。20 世纪 20 年代中期开始从事音乐
活动，并在俄侨中迅速走红。1932 年迁至上海。自 1937
年起在俄罗斯歌剧团中演出。1948 年迁至美国，在扎罗
夫顿河哥萨克合唱团中担任独奏。

伊万·瓦西里耶夫·库拉耶夫（Кулаев Иван

Васильевич, 1857—1941），企业家，社会活动家。在中学读完四年学业后，开始帮助父亲经营商务。17 岁时开始独立经商，建立了西伯利亚第一家炼铜厂。在阿钦斯克的泰加林和阿尔泰开采金矿，还通过向西伯利亚大铁路的铁路建设工人提供补给来赚钱。20 世纪初对中国东北产生商业兴趣，在哈尔滨建设磨坊，创立了俄罗斯面粉合伙企业，还参与了俄亚银行金融交易。库拉耶夫还创建了两家银行：互助银行和房主银行。其开设当铺所得收益用于慈善事业。与此同时，库拉耶夫还从事社会活动，任哈尔滨城市杜马议员。十月革命后丧失了其在俄国的一切企业、不动产与资产。库拉耶夫继续从事商业和社会活动，为哈尔滨的俄罗斯实科中学和中东铁路各站的初级中学提供资助。20 世纪 20 年代初迁至天津，出资修建东正教教堂与医院，还资助孤儿院。库拉耶夫多次赴美，在美国从事企业经营，后随家人（他的孩子在加利福尼亚大学伯克利分校读书，妻子 1928 年于中国逝世）迁往加利福尼亚，常住洛杉矶。其大部分时间和所得资金都用于慈善活动，向穷苦的俄侨同胞提供大力支持。1930 年，库拉耶夫在旧金山建立了以他名字命名并由他提供资金的教育慈善组织。

亚历山大·伊万诺维奇·拉夫罗夫（Лавров

Александр Иванович, 1890—1953），军官，第一次世界大战和国内战争参加者。1917 年后以大尉军衔加入东部战线的哥萨克部队与红军交战。1922 年迁居中国，后迁至美国，生活在加利福尼亚的洛杉矶。

维尼阿明·米哈伊洛维奇·列文（Левин Вениамин Михайлович, 1892—1953），诗人，文学评论家。从圣彼得堡实科中学毕业后就读于神经精神病学院。曾参加革命运动，加入社会主义者革命党，后被捕，被法院判处流放。1917 年春结束流放生涯，供职于临时政府特别侦查委员会。1918 年离开首都，先后来到萨拉托夫和赤塔。1922 年移民中国，很快又从中国赴美，定居纽约，从事文学创作。以 В.门捷列夫（В. Менделеев）、В.梅奇塔捷利（В. Мечтатель）和 В.别切尔斯基（В. Печерский）的笔名在俄侨杂志《生活》、报纸《新俄罗斯言论》《声音》上发表作品。

尼古拉·弗拉基米罗维奇·洛米科夫斯基（Ломиковский Николай Владимирович, 1895—1938），军官。毕业于哈巴罗夫斯克的穆拉维约夫伯爵武备中学和帕甫洛夫斯基军事学校。曾参加第一次世界大战，因战功卓著而被授予多枚战争勋章。国内战争时期在东部战线参加对抗红军的作战，以大尉军衔指挥第二独立骑兵炮兵连。白军撤退期间患伤寒，被遗留在克拉斯诺亚尔斯克，被俘。痊愈后从战俘营逃出。后迁至中国东北，定居哈尔滨，数年来当出租车司机谋生。1927 年迁至美国，在各工厂干体力活，靠自学精通柴油发动机和电焊，逐步成为内华达州一金矿企业管理人员，后担任金矿经理。多年来一直从事社会活动，是伟大战争俄罗斯老兵协会的成员。

伊万·阿列克谢耶维奇·罗帕金（Лопатин Иван Алексеевич，1888—1970），民族志学者，人类学家，哥萨克人后裔。出生于外贝加尔州，先后毕业于哈巴罗夫斯克实科中学和喀山大学自然系。曾任哈巴罗夫斯克和符拉迪沃斯托克的实科中学地理教师、阿穆尔河畔尼古拉耶夫斯克师范学校校长、符拉迪沃斯托克俄罗斯地理学会博物馆馆长、远东大学编外副教授。从事远东边疆区民族学研究。1925 年移居哈尔滨，担任了一段时间的教师后，迁至加拿大的英属哥伦比亚，继续接受教育并取得硕士学位。在美国华盛顿州的一所大学教授人类学。通过博士论文答辩后，在加利福尼亚教授民族学、考古学和人类学。以功勋教授的身份退休。

阿纳托利·斯杰方诺维奇·卢卡什金（Лукашкин Анатолий Стефанович，1902—1988），生物学家，自然科学家，社会活动家。出生于中国东北的一个铁路员工之

家。先后从海拉尔的铁路小学和赤塔中学毕业后考入矿
业学院。但因俄国革命运动的爆发，并未从矿业学院毕
业。返回中国后供职于中东铁路，很快又迁至哈尔滨，
在东方学院的医学专业学习。有着自然领域研究天赋的
卢卡什金很快就成为中国东北自然界的权威研究者之
一。1930年，卢卡什金成为中国东北边疆研究协会博物
馆的监管人。1941年携妻女迁至美国，加入了美国国籍
并开始在加利福尼亚科学院工作，专攻海洋动物，发表
多篇学术著作。卢卡什金还从事社会活动，担任俄罗斯
中心理事会成员和旧金山俄罗斯文化博物馆馆长。在他
的倡议和亲自参与下，博物馆内拥有了在华俄侨史领域
的丰富史料。卢卡什金还担任了俄罗斯慈善组织联合
会①的执行会长。

　　瓦列里·谢苗诺维奇·卢基扬诺夫（Лукьянов
Валерий Семенович），神职人员。1927年出生于上海，
后迁至美国，毕业于布鲁克林理工学院。获毕业证及职
业建筑工程师资格证后，决定踏上神职之路。1963年受

---

① 俄罗斯慈善组织联合会的工作史详见本书第二章。俄罗斯
文化博物馆的档案资料为主要参考文献。参见：АМРК. Архив ФРБО.
Ящик 134–2. Папка «Minutes of Meetings of the Board of Directors
and General Assembly. 1950–1957».

按手礼成为神职人员，被委任为新泽西州莱克伍德市的
圣亚历山大·涅夫斯基教堂堂长。1978 年被委任为美国
东部主教区监督司祭。自 20 世纪 80 年代后期以来还兼
任耶路撒冷传教士团团长一职。在宗教期刊上发表多篇
文章。

弗拉基米尔·阿列克谢耶维奇·留科夫（Люков
Владимир Алексеевич, 1899—1971），军官，史学家，政
论家。1917 年毕业于西伯利亚武备中学和米哈伊洛夫炮
兵学校的速成班，晋升为准尉。国内战争时期加入白军，
在东部战线作战，作战地点有伏尔加河畔、乌拉尔和西
伯利亚。军衔升至中尉。曾作战于西兹朗炮兵旅、希尔
金江河区舰队、"骁勇号"装甲列车。1920 年移民中国，
后迁至美国，生活在旧金山，以少校衔服役于美国国民
警卫队。留科夫还参与俄侨的社会活动，是军校生联盟
的成员，加入了伟大战争俄罗斯老兵协会。还从事有关
第一次世界大战、俄国十月革命和沙皇皇室命运的历史
研究，在俄侨期刊上有过发表。

帕维尔·波尔菲利耶维奇·马卡沃伊（Макавой
Павел Порфирьевич, 1890—1976），军官。毕业于维连
军事学校。曾在帝俄军队各部和边防军独立军团服役，
参加过第一次世界大战。从 1915 年起服役于骑兵，因战

功卓著而被授予四枚战争勋章和三枚奖章，升至大尉。
1917 年随俄罗斯远征军赴法国作战。国内战争时期，依
个人意愿被派往符拉迪沃斯托克，在白军的东部战线作
战。担任外阿穆尔狙击骑兵团军官期间被授予骑兵大尉
军衔。国内战争结束后移民中国，在各外国公司任职。
1927 年移居拉丁美洲，定居智利，开了一家自己的古董
商行。1951 年迁至美国，1957 年加入美国国籍，担任了
一段时间会计。还曾担任海外俄罗斯东正教会第一主教
阿纳斯塔西（格里巴诺夫斯基）都主教的秘书。后迁至
加利福尼亚州旧金山近郊的布林格姆市（Burlingame）。
从事社会活动，加入伟大战争俄罗斯老兵协会，还曾撰
写回忆录并在俄侨期刊上发表。

德米特里·阿波罗诺维奇·马利诺夫斯基（Малиновский
Дмитрий Аполлонович,? —1972），军官。毕业于沙皇尼
古拉一世第二莫斯科武备中学和康斯坦丁诺夫炮兵学
校。参加过第一次世界大战，两次负伤。1917 年后在白
军一方参加国内战争，赴东部战线作战。还加入试图拯
救沙俄皇室的军官团体。被授予上校军衔，还参加了著
名的西伯利亚"冰原行军"。后被红军所俘，但得以逃出。
移民至中国东北，定居哈尔滨，在中东铁路局工作。后
迁至美国，生活在加利福尼亚的洛杉矶。

米哈伊尔·格奥尔吉耶维奇·马尔穆列夫（Мармулев Михаил Георгиевич, 1892—? ），社会活动家。出生于奥尔洛夫省的一个农民之家。毕业于农村教区学校。早早便沦为孤儿。自 1910 年起在矿场工作，1913 年应征入伍，加入炮兵。以优异的成绩修读完模拟指挥课后，被派往驻扎在皇村（位于彼得堡附近）的高射炮连。曾参加第一次世界大战，作战于西部战线。因作战骁勇而被授予四级和三级格奥尔吉军事勋章。1917 年取道符拉迪沃斯托克来到中国，定居上海，在一家俄罗斯印刷厂上班。后在一艘美国舰船上任水兵。1920 年来到美国，靠重体力劳动谋生，在纽约从事旧房屋的拆除工作。多年担任房屋拆卸工工会成员，还担任该工会主席职务。曾参与著名的帝国大厦建设工作。从 1941 年起担任在美俄侨互助联合会（РООВА）农场理事会主席。

亚历山大·弗拉基米罗维奇·马尔沙德-马尔什（Маршад-Марш Александр Владимирович），军医。毕业于哈巴罗夫斯克大学医学系，曾在阿穆尔铁路建设工地任医生。第一次世界大战期间履行军职，在布拉戈维申斯克军医院担任住院医师，后又在战俘营中任军医。自 1919 年起参加"白军运动"，服役于东部战线的阿穆尔独立射击队，后又作为军医任职于远东哥萨克部队行军长官司令部。国内战争后移民中国，定居哈尔滨，并开设了私人诊所。1924年迁至上海，在一家俄罗斯军医院上班，后又任职于上海志愿军团。20世纪20年代末移居美国旧金山，从事社会活动，是伟大战争俄罗斯老兵协会的成员。

帕维尔·伊万诺维奇（米哈伊洛维奇）·马休科夫（马斯留科夫）[Масюков (Маслюков) Павел Иванович (Михайлович), 1862—1935]，神职人员。出生于雅库特，毕业于伊尔库茨克宗教中学。曾在赤塔传教士中学任教，还曾在涅尔钦斯基复活大教堂任诵经士。受按手礼担任辅祭，后担任牧师，供职于赤塔的主易圣容教堂。后又在一所军医学校任宗教法教师，在市里学校和教区学校教授神学。自19世纪90年代末在外贝加尔州部队司令部任军事牧师，处于陆军和海军宗教大司祭的管辖之下。在20世纪初义和团运动期间，曾随俄罗斯军队出征中国，任外贝加尔州军事教堂的监督祭司。自1905年起任赤塔第一步兵团、赤塔第二后备军团军事牧师以及西伯利亚步兵师监督祭司。曾参加日俄战争，升至大司祭。20世纪20年代中期任赤塔安东尼耶夫宗教团体的牧师。1925年移民中国，定居哈尔滨。很快又从中国东北迁往美国，定居在其子女和其他亲属所生活的旧金山。

在圣三一教堂任编外牧师。是伟大战争俄罗斯老兵协会的名誉会员。

伊万·伊拉里奥诺维奇·马哈拉泽（马尔）［Махарадзе (Марр) Иван Илларионович, 1896—1965］，军官。曾就读于帝国尼古拉耶夫军事学院，但因第一次世界大战的爆发而未修读完毕。后赴西部战线作战，两次负伤，晋升为大尉。国内战争期间在白军的东部战线参战。曾一度担任调查枪决皇室情况的索科洛夫侦查员的副官。国内战争结束后移民中国东北。1923 年迁至美国，在纽约工作生活。暮年成为纽约州乔丹维尔的圣三一宗教中学校长。

伊万·阿列克谢耶维奇·米济诺夫（Мизинов Иван Алексеевич,？ —1940），第一次世界大战和国内战争参加者。以高级士官军衔供职于第 144 卡希尔军团机枪队。十月革命以及帝俄军队溃败后回到出生地彼尔姆。自 1919 年在白军中作战于东部战线，隶属西伯利亚军队中西伯利亚第一集团军西伯利亚第一步兵师巴拉宾第二步兵团。国内战争结束后移民中国东北，很快又从所生活的哈尔滨逃往美国，定居加利福尼亚的旧金山。从事社会活动，是伟大战争俄罗斯老兵协会的成员。

尼基塔·瓦列里阿诺维奇·莫拉夫斯基（Моравский

Никита Валерианович），历史学家，评论家，回忆录作者。1923 年出生于上海的一个俄侨家庭。1947 年从俄罗斯商学院毕业。1949 年初随其他俄罗斯难民迁至菲律宾图巴宝岛，并在此生活到 1951 年。后被载往美国，定居在旧金山。20 世纪 50 年代末迁至华盛顿，在《美国》杂志任职，该杂志在苏联普及。自 1963 年从事外交工作，任"美国黑白画展览会"副主任。该展览会曾在苏联数个大城市展出。在罗马尼亚有过短暂工作经历后，被委任为美国驻苏联大使馆文化专员。1967 年返回美国，在美国之音电台工作。1977 年退休，并进入乔治城大学研究生院，被授予哲学博士学位。研究方向为俄罗斯，在乔治·华盛顿大学讲授俄罗斯文化史。20 世纪 90 年代数次回到苏联和俄罗斯联邦，参加各类国际研讨会和学术会议。著有回忆录和多篇学术及评论文章。

奥丽加·亚历山德罗芙娜·莫洛佐娃（Морозова Ольга Александровна, 1877—1968），文学家，记者，社会活动家。毕业于哈里科夫贵族女子学院，自费在哈里科夫郊区为农民子女创立了一所小学。还从事新闻业，曾在期刊上发表过农业主题的相关材料。1911 年随其丈夫——农学家莫洛佐夫（И. М. Морозов）迁至塞米巴拉金斯克。第一次世界大战期间在俄罗斯红十字会工作。

1918 年在塞米巴拉金斯克创办医院。国内战争时期，其丈夫和一个女儿丧生。后莫洛佐娃携其子鲍里斯移民中国，自 1928 年起生活在天津，从事文学创作，撰写了数本长篇小说（如《命运》《一去不复返的》《洞穴》），并在中国用俄语出版。1949 年和其他俄罗斯难民一道被运往菲律宾图巴宝岛。1951 年迁至美国并很快取得了美国国籍。

瓦西里·瓦西里耶维奇·纳扎罗夫（Назаров Василий Васильевич, 1899—1968），军官。毕业于托博尔斯克中学。参加过"白军运动"，并修读完了炮兵教练队的课程。1920 年白军撤退时期来到中国。1922 年服役于滨海地区，后移民中国东北，定居哈尔滨，并在此接受了法律教育。1925 年迁至美国，在旧金山生活工作。曾从事社会活动，是伟大战争俄罗斯老兵协会的成员。

尼古拉·约瑟福维奇·涅达什科夫斯基（Недашковский Николай Иосифович, 1895—1924），画家。曾在哈里科夫绘画学校学习，后迁居莫斯科，在绘画、雕塑和建筑学学校继续接受教育。是著名写生画家柯罗文（К. А. Коровин）的学生。国内战争期间迁至符拉迪沃斯托克，后又来到中国东北。在哈尔滨短暂生活后很快又到达日本，并于 1922 年从日本迁至美国，定居于旧金山。

康斯坦丁·尼古拉耶维奇·涅克留金（Неклютин Константин Николаевич, 1887—？），机械制造工程师。出生于萨马拉，先后毕业于莫斯科亚历山德罗夫商学校和彼得堡理工学院电气机械部。曾担任萨马拉城市杜马的议员。国内战争时期在鄂木斯克的贸易和工业部担任管理人。白军溃败后移民中国，定居中国东北，在中东铁路任列车员。1923 年迁至美国，定居于西雅图，并在一家航空制造厂任机械师，成为一名稀缺而又有才能的设计工程师，在一系列美国工业集团担任高级职务。

伊万·马努艾洛维奇·涅利多夫（Нелидов Иван Мануэлович, 1894—？），工程师。毕业于古典中学和理工学院。曾作为具有资质的工程师工作于布拉戈维申斯克和符拉迪沃斯托克。国内战争期间移民中国东北，定居哈尔滨，供职于中东铁路。1923 年迁至美国，从事水坝设计。

列夫·加拉克季奥诺维奇·尼科拉泽（Николадзе Лев Галактионович, 1918—1990），工程师。国内战争期间随家人迁至中国东北，定居哈尔滨，并在那里先后从中学和工业学院毕业，获得电气工程师毕业证书。于二战前迁往美国，起初在一家天然气公司上班，1941 年末珍珠港事件爆发后负责建造海洋舰船。正式考取了海事工程师资质，并供职于美国海事部门。二战结束后在沙特阿拉伯从事过石油管道自动焊接及抽水站、石油加工装置和配给系统的建造。后来又来到夏威夷工作，为美国海军建设柴油发电站。20 世纪 50 年代后期在美国的西班牙军事基地上从事建筑工作。后又回到夏威夷，在各建筑公司上班。1985 年退休，但依然在继续从事专业对口的工作，从事工程咨询和发明工作。其原创的发电机还获得了发明专利。逝世后葬于火奴鲁鲁。

列夫·利沃维奇·尼古拉耶夫斯基（Николаевский Лев Львович, 1892—1974），军官，军事飞行员。毕业于基辅军事学校，参加过第一次世界大战。1916—1918 年服役于俄国派往法国的远征军。后以中尉军衔加入法国的外国军团。曾被授予荣誉军团勋章。1919 年回到俄罗斯，在白军的东部战线作战，并负责率领符拉迪沃斯托克的军区司令部的空军。因表现优异而被授予四级圣安娜勋章，上有题词"因骁勇而被授此勋章"。1922 年移民中国，一年后又迁至美国，定居在加利福尼亚的旧金山。后获得美国国籍，服役于美军，晋升至中校军衔。尼古拉耶夫斯基还从事社会活动，和妻子娜塔莉娅·弗拉基米洛芙娜 [Наталья Владимировна，娘家姓为阿尼奇科娃（Аничкова）] 创建了阿尼奇科夫慈善基金，为从欧洲和亚洲移民至美国的同胞提供贷款。曾任法国战线俄罗斯军官联盟名誉主席、美国西海岸俄侨代表处副主席和俄罗斯慈善组织联合会主席①。

瓦西里·马特维耶维奇·诺维科夫（Новиков Василий Матвеевич, 1873—1938），日俄战争和国内战争参加者。曾服役于分舰队中的"冈古特"和"彼得罗帕甫洛夫斯克"装甲舰。日俄战争期间加入"乌苏里"交通分队，被授予铜质奖章。后续几年工作于伊热夫斯克的一家工厂。国内战争期间参加伊热夫斯克-沃特金斯克反布尔什维克起义，服役于西伯利亚区舰队，并在白军统帅麾下作战于东部战线。1922 年移民中国东北，后又来到菲律宾，并从那里迁至美国加利福尼亚，定居旧金山。参加社会活动，是伟大战争俄罗斯老兵协会的成员。

尼古拉·米哈伊洛维奇·鄂布霍夫（Обухов Николай Михайлович, 1873—?），学者，教师。毕业于新切尔卡斯克古典中学、莫斯科帝国大学和哈里科夫技术学院。后赴法国学习，在巴黎获得电气工程师毕业证。曾任教

---

① 尼古拉耶夫斯基社会活动的最好例证便是 1953 年在美国国会法律委员会会议上捍卫俄罗斯难民的利益。参见：Emergency Migration of Escapees, Expellees, and Refugees. Hearings before the Subcommittee of the 83rd Congress. First Session on May 26, 27, 28, and July 1, 1953. Washington, 1953. P. 170.

于伊尔库茨克大学和托木斯克技术学院。国内战争时期移民中国东北，在哈尔滨工业学校任物理和电工学教师。迁至美国后，在加利福尼亚大学伯克利分校通过了博士论文答辩。曾在美国的学院和大学任教，还从事发明，持有数项发明专利。在科技期刊上发表过其文章。

拉扎里·伊万诺维奇·奥格罗欣（Огрохин Лазарь Иванович, 1889—1970），军官。毕业于敖德萨实科中学，应征入伍后修读完皇储近卫军莫斯科军团的教练队课程。参加过第一次世界大战，因表现优异、作战骁勇而被授予多枚圣乔治勋章和全部四个级别的战争勋章。是圣乔治勋章的完全获得者。从敖德萨第二准尉学校毕业后服役于西伯利亚步兵师，因作战骁勇而被授予圣安娜四级勋章及带剑带花结圣弗拉基米尔四级勋章。1917 年夏从前线被调往伊尔库茨克的预备军团。布尔什维克掌权后，奥格罗欣在白军统帅麾下作战于东部战线，在高尔察克的护送队中指挥一个营的兵力。1920 年移民中国东北，后迁至美国，定居加利福尼亚，靠重体力劳动谋生。是伟大战争俄罗斯老兵协会的成员。

弗拉基米尔·瓦西里耶维奇·奥斯特罗罗格（Остророг Владимир Васильевич, 1913—1996），工程师。出生于中国东北，毕业于哈尔滨工业学校建筑工程系。20 世纪 40

年代移居上海，从事教学以及建筑工程师工作。后从中国迁至巴西，从事专业对口工作。1956 年迁至美国，在建筑和咨询公司任职。退休后定居西雅图。

鲍里斯·瓦西里耶维奇·帕尔（Папр Борис Васильевич），教师，社会活动家。出生于中国的俄侨家庭。1946 年，14 岁的帕尔随家人一起移民美国加利福尼亚，在旧金山接受了中等和高等教育。后就读于加利福尼亚大学伯克利分校并获学士学位，数年后获硕士学位。曾在中学担任教师职位，在加利福尼亚州中等教育系统中担任过一系列行政职务。1952—1991 年在美军服役，并以上校军衔退伍。在美国国务院担任过翻译，同时在俄侨界从事社会活动，是美国俄侨大会的成员，并任美国俄侨大会加利福尼亚分部的副主席及主席。在旧金山的圣约翰东正教学院担任了四年领导职务。

谢尔盖·伊万诺维奇·别尔米诺夫（Перминов Сергей Иванович, 1887—1973），工程师，社会活动家。国内战争时期移民中国东北，生活在哈尔滨。20 世纪 40 年代初迁至美国，在距离旧金山不远的小城希尔兹堡郊区获得了一块土地，并开始向俄侨同胞出售，用于房屋建筑。于是俄罗斯河（Russian River）畔便出现了一个 23 户的俄侨村镇。

维克多·波尔菲利耶维奇·彼得罗夫（Петров Виктор Порфирьевич, 1907—2000），文学家，地理学家，美国俄侨史研究者，社会活动家。出生于哈尔滨的一个俄罗斯牧师之家，在布拉戈维申斯克中学就读。国内战争末期的 1922 年秋回到中国东北，在哈尔滨的俄罗斯学校读完了中学，后接受了法律高等教育。自 1930 年以来生活在上海，在各定期出版物中任采访员。由于通晓汉语、英语和德语而进入一家大商业公司工作。同时，彼得罗夫还从事文学创作，在中国用俄语出版了三本书籍。1940 年，由于日本侵略者威胁的逼近而移民美国，在铁路局任职，一直到 1945 年。后继续接受教育，先后取得学士、硕士和博士学位，并在美国的非军事高校及海军高校任教，获全职教授职称。1967—1970 年任国家研究基金项目主任助理。撰写了大量关于在美俄侨史的著作①。20 世纪 50 年代以来还从事绘画。彼得罗夫积极参加社会活动，加入了美国俄侨大会，曾任美国俄侨大会华盛顿分部总局成员及主席，其姓名被美国俄侨大会列入俄美荣

---

① Петров В. П. Краткий очерк о пребывании русских в Калифорнии в конце 19 века. Лос-Анжелес, 1974; Петров В. П. Русские в истории Америки. М., 1991; Петров В. П. Русские в Америке. XX век. Вашингтон, 1992.

誉院。因对北美俄罗斯先驱研究史和对俄侨为新大陆发展的贡献的研究，死后被授予友谊勋章。

帕维尔·彼得罗维奇·彼得罗夫（Петров Павел Петрович, 1882—1967），少将，社会活动家，出身于农民家庭。1903 年以后备军士官生的身份加入帝俄米哈伊尔·亚历山德罗维奇大公伊尔库茨克第 93 军团，驻地普斯科夫。毕业于圣彼得堡军官学校，被授予少尉军衔，服役于赫尔辛弗斯的芬兰第一步兵旅芬兰第三团。1913 年毕业于帝国尼古拉耶夫军事学院。曾参加第一次世界大战，在北部战线和西南战线负责参谋工作，并亲自参加过战役，因而被授予六枚军事勋章。1917 年晋升中校军衔，1918 年 4 月至 6 月服役于红军，在萨马拉负责参谋工作。之后倒戈，在白军统帅麾下作战于东部战线。1920 年晋升为少将，参加过西伯利亚"冰原行军"。1920 年秋移民中国，但几个月后又来到滨海地区，任白军叛军参谋长及迪捷列赫斯（М. К. Дитерехс）中将统领的地方军参谋长。1922 年 11 月又来到中国，短暂担任过俄罗斯全军联盟远东分部办公厅主任。1932 年从中国迁往日本，生活在横滨，是日本俄侨协会主席，并担任俄罗斯军事学校校长一职。1947 年同家人一起抵达美国，定居旧金山，积极参加俄侨的社会活动，加入伟大战争俄罗斯老兵协会，并于 1953—1962 年任该协会主席。著有未出版的回忆录手稿以及数本描写十月革命和国内战争的书，后者在中国和部分欧洲国家得以出版。

安东尼娜·费奥多罗芙娜·波德戈利诺娃（Подгоринова Антонина Федоровна, 1895—1985），文学家，散文作家。出生于波尔塔瓦省，后随家人迁往外贝加尔，并在那里度过了童年。在彼得格勒从贝斯土热夫女子学院的历史语文学部毕业。国内战争期间移民中国东北，定居哈尔滨。1936 年和丈夫及儿子一起来到天津。1938 年迁至美国，从事教学活动和文学创作，以尼娜·费多洛娃的笔名出版了几部长篇和中篇小说，发表语言既有俄语，也有英语。其最著名的作品为长篇小说《家》，描绘的是俄侨在中国的生活。

亚历山大·马特维耶维奇·波尼亚托夫（Понятов Александр Матвеевич, 1892—1980），工程师，发明家，海军飞行员。出生于喀山省。先后从喀山的中学、大学和莫斯科高等技术学校毕业。后决定在德国继续接受教育，便开始在卡尔斯鲁厄的中等技术学校学习。第一次世界大战爆发后返回俄国，在部队服兵役。起初加入了列巴尔海岸炮兵，后转入海军航空兵。但由于十月革命的爆发，波尼亚托夫未曾参加空战。国内战争期间以军事飞行员的身份在白军统帅麾下于东部战场作战。参加了西伯利亚"冰原行军"，后撤退至中国东北，又定居于上海，在俄语媒体中担任过翻译。从事过木材贸易，在发电站担任过电气工程师。1927年迁至美国，在纽约州的通用电气公司就职并开始从事发明，拥有两项发明专利。1930年迁至加利福尼亚，并取得美国国籍。第二次世界大战期间为美国海军研制空中雷达。波尼亚托夫开办了自己的公司，从事录音领域的研究，设计并生产了录音设备。波尼亚托夫还研发了电视远程操纵技术。因在电子领域的成就而被美国电子协会奖励。退休后从事哲学和医学研究，参加俄侨的社会活动，是美国俄罗斯飞行员协会主席，还建立了自己的慈善基金，从事教育和慈善活动。

鲍里斯·伊万诺维奇·波波夫（Попов Борис Иванович, 1894—1970），军官，社会活动家。毕业于敖德萨武备中学和亚历山德罗夫军事学校。第一次世界大战期间修读完尼古拉耶夫帝国军事学院的速成班课程。因作战表现优异而被授予六枚勋章。1917年十月革命发生后，加入由其父 И.И.波波夫（И. И. Попов）中将领导的喀山市反抗组织。被捕后竟奇迹般地幸免于枪决，并在白军统帅麾下作战于东部战线。居上校军衔，参加过西伯利亚"冰

原行军"，多次被表彰。1922 年移民中国东北，定居哈尔
滨，任俄罗斯全军联盟远东分部及军官联盟的秘书。1925
年起服役于张宗昌部下的涅恰耶夫（К. А. Нечаев）率领
的俄罗斯军团，任装甲列车营参谋长。1928 年至 1943
年，在上海的法国市政警察署任职。美军进入上海后，
波波夫以文职官员的身份加入美军。1949 年和其他俄罗
斯难民一道疏散至菲律宾，生活在图巴宝岛上的难民营
之中。1951 年迁至美国，定居旧金山，并在那里从事社
会活动。加入了伟大战争俄罗斯老兵协会，曾担任该协
会的副主席与主席。

米哈伊尔·米哈伊洛维奇·波普鲁仁科（Попруженко
Михаил Михайлович, 1892—1961），军官，第一次世界
大战和国内战争参加者。曾就读于奥伦堡的涅普留耶夫
武备中学。从基辅的弗拉基米尔武备中学和康斯坦丁诺
夫炮兵学校毕业后，服役于第 44 炮兵旅。第一次世界大
战期间负伤，因表现优异且骁勇善战而被授予六枚战争
勋章等荣誉品。曾作为志愿军与别特留拉匪帮作战以保
卫基辅。后乘坐军官专用列车被疏散至德国，并从德国
辗转来到英国，又抵达远东，在高尔察克的西伯利亚军
麾下作战，参加过西伯利亚"冰原行军"。后移民中国东
北，生活在哈尔滨。1925 年来到美国，定居旧金山，从

事社会活动，加入伟大战争俄罗斯老兵协会，并多年任该协会的理事会成员。

弗拉基米尔·约瑟福维奇·普里谢边科（Прищепенко Владимир Иосифович, 1907—？），电气机械工程师。出生于远东的布拉戈维申斯克，后随家人移民中国东北。毕业于哈尔滨工业学校，20世纪30年代来到美国，在加利福尼亚大学伯克利分校继续接受教育，并被授予学士学位。在加利福尼亚工作，从事教学活动。作为电机领域的专家与学术期刊有过合作关系。

德米特里·亚历山德罗维奇·普罗托波波夫（Протопопов Дмитрий Александрович, 1873—1932），军官，社会活动家。毕业于莫斯科第二武备中学和康斯坦丁诺夫第二军事学校。曾参加过日俄战争，后服役于东西伯利亚第三旅。第一次世界大战期间在西伯利亚第七步兵旅中负责炮兵连的指挥工作。因表现优异而被授予多枚战争勋章。1917年十月革命后，起初因其军官身份而被捕，但后来被释放，并作为军事专家服役于红军之中。1923年从赤塔逃到中国东北，并很快又从那里抵达美国，定居旧金山，从事社会活动，是伟大战争俄罗斯老兵协会的创始人之一，任其理事会成员，掌管财务。

格奥尔吉·叶甫盖尼耶维奇·普鲁让（Пружан

Георгий Евгеньевич），军官，运动员，骑手。出生于圣彼得堡，日俄战争后随家人迁至中国东北。毕业于哈尔滨商学校。曾从事竞技运动、体操、击剑和骑马。第一次世界大战爆发后进入准尉学校学习，修读完该校的速成班课程后便被派往前线，服役于骑炮兵。1917 年十月革命后因其军官身份被捕，但后来逃到中国东北，在哈尔滨以志愿军的身份加入了反苏维埃部队，并作战于西伯利亚。后又在高尔察克麾下的西伯利亚军中作战。曾参加西伯利亚"冰原行军"。移民中国东北后，起初在中东铁路任保卫人员，后在中国军队任马术指导员。1922年，由于得到了熟人美国军官的庇护，普鲁让得以迁到美国，依然从事骑兵指导员的工作。在俄亥俄州的克利夫兰大学医学系学习了一年，后转到中学专科学校学习，并在那里同时担任马术、体操和击剑指导员。第二次世界大战期间在国家部门工作。1945 年后在诸多东方国家游历。退休后在华盛顿开设了自己的马厩。

卡里娜·弗拉基米洛芙娜·普萨克扬（Псакян Карина Владимировна, 1918—2003），政论家，电台评论员。出生于一个从土耳其卡尔斯市种族灭绝中逃出的亚美尼亚人之家。国内战争时期安家于中国东北，在哈尔滨的俄罗斯学校毕业后，又在哈尔滨市修读完了音乐学院的独唱班课程。在哈尔滨交响乐团有过演出经历。1945 年红军进入中国东北时，其丈夫——《哈尔滨时间》报的记者普拉甫科夫（А. Ф. Плавков）被捕，被流放至科雷马并在此处丧生。作为被捕囚犯之妻，普萨克扬丢掉了工作，并被迫离开哈尔滨前往上海。在上海从事俄侨的文化活动，受上海主教之邀来到高级僧侣合唱团中演唱。但不久之后又辗转来到美国，定居旧金山，在俄罗斯中心的舞台上演唱，在伯克利组织了俄罗斯女子合唱团，并在加利福尼亚的《俄罗斯生活》报上有过发表。自 1946 年起在国有部门任职，担任美国之音广播电台的台长。还从事社会活动，在慈善晚会上演出，并继续从事时评工作，其发表作品常见于纽约的《新俄罗斯言论》报的版面之上。1979 年回到旧金山，出任《俄罗斯生活》报的编辑，投身至俄美互助协会的工作之中，为俄罗斯童子军和圣基里尔-梅福季中学提供援助，并在加利福尼亚组织俄罗斯文化日活动。

弗拉基米尔·拉捷夫（Радев Владимир, 1887—？），男中音歌手。毕业于莫斯科音乐学院，在敖德萨歌剧院担任歌剧演员。由于第一次世界大战的爆发，其舞台生涯也被迫中断。1917 年十月革命后生活在喀山并担任歌剧演员。1920 年移民中国东北，在哈尔滨歌剧院担任歌

剧演员。在人民之家教授声乐技巧，并在亚洲各国巡回
演出。1923 年来到美国，领导俄罗斯男子四重奏乐队，
并携乐队在美国多个城市演出。

格奥尔吉·瓦西里耶维奇·拉捷茨基-米库利奇
（Радецкий-Микулич Георгий Васильевич, 1900—1975），
军官，童子军运动组织者。1917 年十月革命后以少尉军
衔在白军统帅麾下作战于东部战线。1920 年后移民中国
东北，供职于中东铁路，是中东铁路学校童子军运动的
总设计师和俄罗斯童子军组织中国东北分部的组织者之
一。1928 年以来任中国北部俄罗斯童子军民族组织分部
的首领，还担任上海俄罗斯童子军卫队的领导。自 1937
年起任俄罗斯童子侦察兵民族组织上海地区领导。作战
期间在中国率领童子军通信旅为平民提供援助。1945 年
后迁至美国，定居加利福尼亚，继续组织童子军运动，
是俄罗斯童子侦察兵民族组织童子军长及俄罗斯童子侦
察兵民族组织最高荣誉法院主席。

尼古拉·伊万诺维奇·罗基姜斯基（Рокитянский
Николай Иванович, 1912—1996），俄语教师，旅美俄侨
史研究者。出生于乌克兰的铁路员工之家，后迁入中国
东北，并在中东铁路工作。1937 年随母亲离开中国前往
美国，生活在加利福尼亚，一边做电焊工一边在大学读

书。第二次世界大战期间任翻译，为赴美国维修和验收船舶的苏联水兵和专家服务。后在华盛顿的国会图书馆任顾问一职，是教育部的工作人员，从事苏联教育状况的研究。回到加利福尼亚后在中等专科学校教授俄语，从事美国俄侨史的研究，促进了俄罗斯历史和文化古迹的保存，对罗斯堡垒（Форт Росс）的修复起到了直接作用。

瓦连京·亚历山德罗维奇·梁赞诺夫斯基（Рязановский Валентин Александрович, 1884—1956），语文学家，历史学家，法学家。毕业于莫斯科大学，并以教授职称在托木斯克大学任教。国内战争时期移民中国东北，1922—1924 年在哈尔滨法学院教授法学史。1938 年随家人迁至美国，从事科学研究，在俄罗斯科学思想史和文化史领域、蒙古法律领域和西伯利亚游牧部落的法律关系史领域均有著作出版。

亚历山大·瓦连京诺维奇·梁赞诺夫斯基（Рязановский Александр Валентинович），历史学家，瓦连京·亚历山德罗维奇·梁赞诺夫斯基之子。1928 年出生于哈尔滨，10 岁时同家人迁居美国，并从俄勒冈大学毕业。其斯坦福大学的博士毕业论文是关于中世纪的俄国史。曾在宾夕法尼亚大学任教，1972 年成为全职历史教授。后又在美国各大中学校任教，是费城文选《会见》的编委会成员。从事诗歌创作并在期刊上发表其诗作。多年来一直是美国俄罗斯学术团体的成员。

尼古拉·瓦连京诺维奇·梁赞诺夫斯基（Рязановский Николай Валентинович），史学家，瓦连京·亚历山德罗维奇·梁赞诺夫斯基之子。出生于哈尔滨，15 岁时随家人迁至美国。和其弟弟一样，毕业于俄勒冈大学，先后获得学士和硕士学位。1949 年通过博士论文答辩。是爱荷华州立大学历史系教授。自 1957 年起在加利福尼亚大学伯克利分校任欧洲史教授。1987 年当选美国艺术和科学院院士。

尼古拉·萨宁（Санин Николай, 1890—1982），教育家，传教士，牧师。在哈巴罗夫斯克接受了中等教育后，又从莫斯科音乐学院毕业。参加过第一次世界大战和国内战争，在白军统帅麾下作战于西伯利亚。1920 年后移民中国东北，定居哈尔滨。20 世纪 20 年代初和夫人一道来到美国，创建了歌舞团并随团在美国各城市巡演。曾任教会中学校长，在西雅图建立起了俄罗斯东正教俱乐部联盟的地区分部，从事过传教活动。对来自欧洲和亚洲国家的赴美俄罗斯难民提供援助。1965 年接受按手礼成为神父，并被委任为圣三一教堂的堂长。暮年时来到加利福尼亚，并在圣罗莎取得了教区。

米哈伊尔·瓦西里耶维奇·谢尔盖耶夫（Сергеев Михаил Васильевич, 1896—1951），军官，出生于西伯利亚。第一次世界大战期间从伊尔库茨克准尉学校毕业后便被派往前线，服役于第 41 师第 164 团。战时受重伤并在莫斯科的一家军医院治疗。1917 年十月革命后从部队复员并返回到故乡秋明，在白军阵营中参加了国内战争，但由于旧伤的后遗症而被免除军役，在西伯利亚和远东的各文职岗位上任职。后移民中国东北，生活在哈尔滨，在地方行政机构中工作。第二次世界大战后从中国来到美国的加利福尼亚，定居旧金山。参加俄侨的社会活动，是伟大战争俄罗斯老兵协会的成员。

奥丽加·亚历山德罗芙娜·斯科彼琴科（Скопиченко Ольга Александровна, 1908—?），诗人。出生于塞兹兰，国内战争时期来到中国东北，生活在哈尔滨，后又来到上海。从事诗歌创作，出版过诗集，且在俄侨期刊上有过发表。第二次世界大战后迁至美国加利福尼亚，与旧金山的俄语期刊有合作关系，并继续从事诗歌创作。

阿纳托利·弗拉基米罗维奇·斯克里普金（Скрипкин Анатолий Владимирович, 1910—1985），外贝加尔哥萨克出身，军官，记者，社会活动家。国内战争期间随父母移民中国，从中国东北的实科中学毕业后迁居哈尔滨，先后修读完了俄罗斯全军联盟军士课程以及俄罗斯全军联盟为期两年的学校课程。晋升为哥萨克少尉军衔。1936—1937 年在远东军人联盟军官连第一排任班长。1941 年俄罗斯东部边区武装力量总司令谢苗诺夫颁布指令，将斯克里普金晋升为中尉。1945 年，斯克里普金迁至上海，并于 1949 年从上海迁往菲律宾图巴宝岛的难民营。1951 年随其他俄罗斯难民来到美国，定居旧金山。多年以来任加利福尼亚外贝加尔哥萨克集镇镇长，曾领导过旧金山全哥萨克联盟，是伟大战争俄罗斯老兵协会成员。还曾从事新闻工作，在俄侨期刊上发表过自己的材料。

尼古拉·亚历山德罗维奇·斯洛博德奇科夫（Слободчиков Николай Александрович, 1911—1991），工程师，收藏家，博物馆工作者，社会活动家。出生于萨马拉的一个律师之家，其父曾从事社会政治活动，参加过“白军运动”。国内战争结束后举家迁至中国东北，在哈尔滨毕业于陀思妥耶夫斯基中学。1948 年和家人一起迁至美国加利福尼亚，在旧金山的工程学院继续接受教育（其第一个工程毕业证书是在比利时的列日大学学习期间取得的），在数个美国公司担任过设计工程师。

1976 年退休，从事社会活动，是美国机械工程师协会、军事工程师协会和美国集邮协会的会员。参加过各俄侨社会组织的工作，是旧金山俄罗斯中心下设博物馆的创始人之一。在很大程度上正是由于他的努力，博物馆内才拥有了上万件展品，其中包括关于俄罗斯和身处异乡的俄侨生活的书籍，以及在美国境外出版的期刊。

（老）米哈伊尔·米哈伊洛维奇·索科罗夫（Соколов Михаил Михайлович, 1885—1985），军官，运动员，社会活动家。毕业于莫斯科第一武备中学和尼古拉耶夫骑兵学校。从尼古拉耶夫骑兵学校毕业后，以旗手的身份进入了女王禁军胸甲骑兵团，驻地加特契那，获得了著名骑手的荣誉。曾多次参加赛马并获奖。第一次世界大战期间，以骑兵大尉的军衔奔赴前线，在作战过程中极为勇猛，被授予圣乔治四级勋章和圣乔治武器。1917 年任女王禁军胸甲骑兵团团长。布尔什维克党人上台以及帝俄部队溃散后曾在彼得格勒短暂生活，后来来到西伯利亚，在白军统帅麾下作战于东部战线。1920 年晋升为少将，并参加过西伯利亚"冰原行军"。在哥萨克头领谢苗诺夫的部下担任过差遣将军，后又服役于远东军。1922 年移民中国，生活在上海，服役于俄罗斯上海军团。曾参加过赛马，是俄罗斯伤残军人协会和圣乔治勋章获得者协会的主席。1949 年迁往菲律宾，又从菲律宾来到澳大利亚。1953 年迁到美国旧金山，从事社会活动。在加利福尼亚继续担任圣乔治勋章获得者协会主席，并领导近卫军联合会分部，还参加其他境外俄侨组织的工作。

（小）米哈伊尔·米哈伊洛维奇·索科洛夫（Соколов Михаил Михайлович），老米哈伊尔·索科洛夫之子，商船队水手，工会活动家，社会活动家。1926 年出生于上海，1947 年迁至美国，从事建筑生意，是远东职业水手联盟的组织者之一。参加过朝鲜战争，服役于美国海军，在美国总统的总统令中被表彰，并被授予奖章。曾从事社会活动，是俄罗斯贵族协会的成员。

亚历山大·尼古拉耶维奇·斯别兰斯基（Сперанский Александр Николаевич, 1875—1963），军官。从维连军事学校毕业后服役于第 30 步兵师第 117 雅罗斯拉夫团。曾参加日俄战争并被授予两枚勋章，以大尉军衔奔赴第一次世界大战前线。参加东普鲁士战争时受重伤，因表现优异而晋升为中校。伤病痊愈后继续参战，并被授予圣弗拉基米尔带剑佩结勋章。后被派至特别旅，作为法国俄罗斯远征军的组成部分。后被授予圣乔治四级勋章。1917 年十月革命后，随战友一道来到远东，并在日本有过短暂停留。后加入白军，作战于东部战线。1920

年后移民中国，生活在上海，在一家商业公司工作。1949
年迁往菲律宾图巴宝岛的难民营。1951 年来到美国，定
居旧金山，从事社会活动，是伟大战争俄罗斯老兵协会
的成员。

叶甫盖尼娅·维塔利耶芙娜·苏尔尼娜（Сурнина
Евгения Витальевна, 1884—1981），护士，第一次世界大
战参加者。出生于托尔若克市，在那里读完中学后进入
莫斯科的最高师范班学习。第一次世界大战爆发后进入
莫斯科尼古拉耶夫协会的护士班学习，结业后便被派往
战场。因勇气超众而被授予圣乔治四级勋章。国内战争
时期移民中国东北，生活在哈尔滨，后迁居上海。1945
年第二次世界大战结束后迁往美国，定居旧金山，加入
伟大战争俄罗斯老兵协会。

格里高利·季莫费耶维奇·苏霍夫（Сухов Григорий
Тимофеевич, 1893—1986），编辑，出版业从业人员。出
生于西伯利亚，从事排字师职业，任职于符拉迪沃斯托
克的一家印刷厂。国内战争期间，在高尔察克的西伯利
亚军第九西伯利亚步兵师参谋部中任印刷厂厂长。1920
年后随妻子移民中国东北，定居于哈尔滨，从事出版活
动。1928 年同家人一起迁至美国，定居旧金山，并在那
里出版俄语报纸《新朝霞》。该报纸很快就在俄侨群体中

流行开来，并发行了近半个世纪。

尤里·安德烈耶维奇·塔拉拉（Тарала Юрий Андреевич, 1927 年生），工程师，社会活动家，博物馆工作者[①]。出生于哈尔滨一个乌苏里哥萨克之家，其父在国内战争期间从俄国移民到中国。塔拉拉毕业于哈尔滨工业学校，获机械工程师学位证书。五年以来一直在各类企业工作，而到了 1957 年，塔拉拉从中国迁至拉丁美洲，找到了对口工作并定居于委内瑞拉。1967 年迁至美国，任工程师一职长达二十多年，从事工厂的建设和现代化工作。1989 年退休。20 世纪 90 年代还在胡佛战争、革命与和平研究所的档案室和旧金山的俄罗斯文化博物馆担任志愿者。多年以来一直搜集各时期迁入美国的俄侨同胞的信息。

格奥尔吉·古斯塔沃维奇·捷尔别尔格（Тельберг Георгий Густавович, 1881—1954），学者，教师，社会活动家。毕业于喀山大学法学系，后又在喀山大学任俄国法律史教研室主任，被授予教授职称。还曾在托木斯克

---

　①　本书作者有幸与塔拉拉在圣弗朗西斯科俄罗斯文化博物馆共同编目和分析档案，包括将诸多沉重的档案材料箱从阁楼搬运到博物馆一楼并再次搬回阁楼。我们对其进行了详细的讨论，从塔拉拉那里获取的一些信息也记录在本书中。

大学、莫斯科大学、莫斯科考古学院和最高妇女进修班任教。国内战争期间追随白军。1919 年任高尔察克的部长会议副主席，兼任司法部部长和安全委员会主席。1920 年后移民中国东北，定居哈尔滨，在一所美国学校的法学系任教，还曾任职于青岛和上海的学校。1940 年迁至美国，1942 年起居住在纽约，参加俄侨的社会生活，从事文化教育活动。

格里高利·彼得罗维奇·季托夫（Титов Григорий Петрович, 1901—1991），巴拉莱卡琴手。1923 年移民中国东北，在哈尔滨生活并演出。20 世纪 20 年代末迁至美国，定居西雅图。起初在工厂靠重体力劳动谋生。20 世纪 30 年代初开始回归演艺行业，组织起了一个巴拉莱卡琴手乐团并在美国各城市巡回演出，甚至参与好莱坞影片的摄制。嗣后以"格里沙"的艺名在华盛顿知名夜总会"巴拉莱卡"演出，还多次赴欧洲国家巡演。曾从事社会活动和慈善活动。

亚历山大·亚历山德罗维奇·季洪拉沃夫（Тихонравов Александр Александрович, 1891—1958），军官，社会活动家。出生于西伯利亚，在布拉戈维申斯克读完了中学后，进入圣彼得堡的理工学院学习。1915 年第一次世界大战期间进入米哈伊洛夫炮兵学校，修读完了速成班课程后晋升为准尉并被派往前线，供职于第九炮兵旅。后被调到西伯利亚第六炮兵旅。因表现优异而被授予三枚战争勋章，并晋升为中尉。国内战争期间在白军统帅麾下作战于东部战线，在西伯利亚第二重炮兵师中任炮兵连连长。曾参加过西伯利亚"冰原行军"。后又在外贝加尔的远东军团炮兵补给管理处任职，并被晋升为大尉。1920 年后移民中国东北，生活在哈尔滨。1923 年迁至美国加利福尼亚，在斯坦福大学地质学部担任实验室技术员。还从事社会活动，是伟大战争俄罗斯老兵协会的创始人之一，任协会秘书、通报的编辑、副主席和财务主任。1949 年被选为协会荣誉会员。

谢尔盖·谢尔盖耶维奇·托尔斯托夫（Толстов Сергей Сергеевич, 1881—1950），军官，社会活动家。参加过日俄战争和第一次世界大战，多次负伤并受嘉奖。1917 年以上校军衔统领西伯利亚第二步兵师西伯利亚第五团。1917 年 12 月以来参加反布尔什维克行动。赴伊尔库茨克作战并被捕，但奇迹般从狱中逃出并来到符拉迪沃斯托克，于 1918 年在此任滨海军区长官。1919 年移民中国，定居上海。1923 年又和妻子从上海迁至美国，生活在加利福尼亚的旧金山，从事社会活动和慈善活动，为俄罗斯伤残军人提供援助。

弗拉基米尔·亚历山德罗维奇·迪奇宁（Тычинин Владимир Александрович, 1887—1959），军官，教师。出生于萨马拉，从中学毕业后又从喀山军事学校毕业，以少尉军衔开启了军中服役生涯。曾参与过第一次世界大战并负伤，被授予三枚战争勋章。由于负伤后遗症的影响，只能从事后勤工作，被委任为喀山征兵委员会委员，后又在奥伦堡第二涅普留耶夫武备中学任教员。1920年后移民中国，生活在上海。曾在俄语出版社任校对员，在英国学校中教过俄语。第二次世界大战后迁至美国，定居旧金山，从事教学活动。

亚历山大·瓦西里耶维奇·乌斯科夫（Усков Александр Васильевич, 1895—1985），军官，社会活动家。出生于克拉斯诺亚尔斯克并在那里读完了中学。从彼得格勒大学读完二年级的课程后转入尼古拉耶夫骑兵学校。1917 年 10 月任尼古拉耶夫骑兵学校军官。十月革命后返回克拉斯诺亚尔斯克，加入西伯利亚军团并被调往叶尼塞哥萨克部队，曾任哥萨克长官连连长、军官训练班主管、作战部队高级副官、叶尼塞哥萨克旅第一团高级参谋。1919 年被晋升为中尉，并被授予佩剑带结圣弗拉基米尔勋章。1920 年后移民中国，生活在上海。1948 年迁至美国加利福尼亚州，定居在旧金山。曾参加

社会活动，加入伟大战争俄罗斯老兵协会。1970—1985
年任该协会主席。

伊奥伊尔·瓦列里阿诺维奇·乌赫托姆斯基（Ухтомский
Иоиль Валерианович, 1887—1980），律师，军官。毕业
于帝国法学校，曾任农业部官员。第一次世界大战期间
任女王禁军第二骑兵师普斯科夫第二团旗手，后被调到
西部战线参谋部。1917 年十月革命后移民中国东北，生
活在哈尔滨，在中东铁路任职。1921 年来到上海，任职
于法国总领馆及法国市政局。1949 年来到美国，定居于
加利福尼亚州的旧金山。是伟大战争俄罗斯老兵协会的
成员。

瓦西里·瓦西里耶维奇·乌沙诺夫（Ушанов Василий
Васильевич, 1904—1988），艺术爱好者①。出生于中国东
北的一个中东铁路职员之家，在哈尔滨毕业于俄罗斯中
学。1922 年迁至美国，定居西雅图，靠打零工勉强过活。
后考入加利福尼亚大学伯克利分校，以优异的成绩毕业，
并获口腔医师学位证。在好莱坞有超过 30 年的牙医临
床经验。1966 年退休并迁至加利福尼亚的拉古纳海滩，

---

① 本书参考了加利福尼亚大学伯克利分校口述史项目有关乌沙
诺夫采访的部分记录。参见：UCB, Bancroft. 87/6 zc. Russian Emigre
Recollections: Life in Russia and California. L. 2.

从事美国俄侨史和绘画研究，其油画取材于俄侨对美国大陆的开发史，画作数量超 130 幅。

德米特里·伊万诺维奇·费季奇金（Федичкин Дмитрий Иванович, 1885—1996），军官。毕业于奥伦堡实科中学。1903 年以列兵身份进入奥尔洛夫后备营服役。从教练队接受完训练后晋升为军士。曾参加过日俄战争，因作战期间表现优异而晋升为上士。作战期间多次负伤，因而被授予四级和三级卓越战争勋章。因为一次负伤还被日军俘获，1906 年春得以返回俄国。从军校毕业后被授予少尉军衔，在帝俄军队各部服役。还参加过第一次世界大战，因作战骁勇而被授予五枚战争勋章，并晋升为上校。1917 年离开部队休假。在喀山参加了地下反抗组织。伊热夫斯克-沃特金斯克起义期间统领卡马河沿岸人民军。后又任托木斯克卫戍司令、伊热夫斯克步兵师长官助理。曾参加西伯利亚"冰原行军"。1920 年后移民中国东北，后又从中国东北迁至美国加利福尼亚州，定居旧金山，靠重体力劳动谋生。

尼娜·费多罗娃（Федорова Нина, 1895—1985），文学家。毕业于圣彼得堡的贝斯土热夫女子学院。国内战争期间移民中国东北，生活在哈尔滨。1938 年迁至美国，在俄勒冈州的一所大学任教。从事文学创作，著有俄文

和英文散文。1940 年用英语出版了第一部长篇小说
《家》，刻画了在华俄侨的生活。该小说在文学批评界收
获了颇多好评，后被译为多个语种。还著有俄文三部曲
《生活》。

瓦连京·瓦西里耶维奇·费杜连科（Федуленко
Валентин Васильевич, 1894—1974），军官，社会活动家。
毕业于阿列克谢耶夫斯克军事学校并晋升为少尉。曾参
加第一次世界大战，国内战争期间在白军统帅麾下作战
于东部战线。1922 年移民中国，生活在上海，担任俄侨
协会副主席。曾协助俄罗斯难民从中国向菲律宾图巴宝
岛的疏散。1950 年迁至美国加利福尼亚州，定居旧金山，
从事社会活动，为俄侨同胞从图巴宝岛迁往美国和澳大
利亚提供援助。著有关于在华俄侨生活的回忆录。

费拉列特神父［格奥尔吉·尼古拉耶维奇·沃兹涅
先斯基（Георгий Николаевич Вознесенский），1903—
1985］，都主教，海外俄罗斯东正教会（РПЦЗ）大主教。
出生于库尔斯克。1909 年随家人迁往远东，在布拉戈维
申斯克生活学习。1920 年移民中国东北，定居哈尔滨。
毕业于哈尔滨工业学校，并获得电气机械工程师毕业证
书。20 世纪 30 年代初选择了宗教之路，接受了按手礼
与剃度，成为牧师，修读了神学牧师东正教培训班课程。

1950 年率部分教徒从中国迁往澳大利亚。1964 年被海外俄罗斯东正教会大牧首会议选为大主教并迁往美国。著有数部神学著作。死后葬于纽约州的圣三一修道院。

阿里克谢·哈耶夫（Хаев Алексей, 1914—？），作曲家。出生于滨海地区。1920 年随家人移民中国东北，生活在哈尔滨并在那里开始学习音乐。1931 年迁至美国，其作曲才能受到了拉赫马尼诺夫（С. В. Рахманинов）的重视。从纽约音乐学院毕业后，在法国和西班牙继续接受音乐教育。曾师从斯特拉文斯基（И. Ф. Стравинский）。在音乐创作领域获得多个权威大奖。

伊万·米哈伊洛维奇·哈佐夫-波隆斯基（Хазов-Полонский Иван Михайлович, 1893—1983），毕业于莫斯科第四准尉学校，参加过第一次世界大战。居大尉军衔，多次负伤并受震伤，多次被表彰。国内战争时期在白军统帅麾下作战于东部战线，并在战争中负伤。1920 年在高尔察克的西伯利亚军中作战，后又加入远东军，曾晋升至中尉。1922 年移民至中国东北，生活在哈尔滨。1945 年红军进入中国东北后，哈佐夫-波隆斯基被捕并被押解回苏联。在其妻子和友人的多年努力下，1953 年哈佐夫-波隆斯基被获准迁入美国，生活在加利福尼亚的旧金山，从事社会活动，加入了伟大战争俄罗斯老兵协会。

瓦连京·伊万诺维奇·希尔科夫斯基（Хилковский Валентин Иванович, 1865—1936），少将。出生于阿拉斯加新阿尔罕格尔斯克的一个军官之家。阿拉斯加被出售给美国后，希尔科夫斯基随家人定居滨海边疆区，从基督士官学校毕业后，以上士军衔在科斯特罗马第 19 团开始服役。1913 年被奥拉丁鲍姆的步兵军官学校录取，第一次世界大战爆发后才从该校毕业。被派往前线后骁勇作战，两次受严重震伤，被授予圣乔治武器。1916 年末被委任为伊尔库茨克第二准尉学校校长。1917 年 12 月布尔什维克在伊尔库茨克取得政权后，希尔科夫斯基加入一支由军官、士官生和大学生组成的武装，与布尔什维克部队交战。后被迫逃离伊尔库茨克并藏匿行踪。国内战争期间在白军统帅麾下作战于东部战线，在赤塔的军事学校任年级视察员。1920 年后移民中国东北，曾在哈尔滨短暂生活。1922 年迁至美国旧金山，主要从事社会活动，是伟大战争俄罗斯老兵协会的成员。

亚历山大·伊里伊奇·采普舍洛夫（Цепушелов Александр Ильич, ？—1960），军官。毕业于基辅士官学校，曾参加日俄战争，在符拉迪沃斯托克从东方语言学校毕业后，服役于阿穆尔军区。国内战争时期移民中国，生活在上海，供职于法国市政机关。后迁至美国加利福尼亚州，生活在洛杉矶。

弗拉基米尔·伊万诺维奇·沙伊季茨基（Шайдицкий Владимир Иванович, 1890—1981），军官，社会活动家。曾就读于维连军事学校，毕业后被升为少尉。曾参加第一次世界大战，因表现优异而被授予多枚战争勋章，并晋升为大尉军衔。1917 年二月革命后，立即被调至法国的俄罗斯远征军。1919 年秋与其他志愿军官一道被派往符拉迪沃斯托克，听候中国东北军区调遣，服役于贝加尔站的西部支队。1921 年初开始服役于翁格伦·冯·施特恩贝格（Унгерн фон Штернберг）中将统领的亚洲骑兵师。曾在达乌利亚与红军交战，被晋升至中校和上校军衔。后移民中国，任山东军事学校高级军官。1930 年来到上海，在法国市政机关任职。1948 年迁至拉丁美洲，在阿根廷定居并找到了工作。1961 年来到美国加利福尼亚，生活在旧金山，从事社会活动，在伟大战争俄罗斯老兵协会任职。

伊里亚·尼基福洛维奇·申德里科夫（Шендриков Илья Никифорович, ? —1957），出版业者，社会活动家。出生于七河州的一个哥萨克之家。第一次世界大战期间从事军需补给工作，加入了为应征入伍的军人家庭提供援助的委员会。接受过法律教育，曾任陪审团委托人。

1917 年后从事反布尔什维克活动。来到西伯利亚后被七河哥萨克军队选举为乌法国务会议委员。1918 年末高尔察克上将任所谓"俄罗斯最高统治者"后，申德里科夫被选为哥萨克大会成员，任大会秘书及法律顾问。1922 年移民中国，定居上海，出版报纸《俄罗斯回声》，是哥萨克联盟的创建者和领导者之一。创办了自己的律师事务所。是《中俄报》的创建者与事实领导人之一。该报于 20 世纪 40 年代中期在俄侨群体中有不低的知名度。1949 年迁至美国，生活在旧金山，与《俄罗斯生活》报有合作关系。

格奥尔吉·瓦西里耶维奇·舍斯塔科夫（Шестаков Георгий Васильевич），冶金工程师，军官。参加过国内战争，任西伯利亚哥萨克部队军事长官的参谋官。国内战争末期移民中国，在汉口和上海的化学实验室工作。1949 年与其他俄罗斯难民一道来到菲律宾的图巴宝岛。1950 年移民美国。

叶甫盖尼·巴甫洛维奇·施里亚耶夫（Шиляев Евгений Павлович, 1916—2003），经济学家，东方学家，记者。出生于彼尔姆州，国内战争期间随家人一起移民中国。毕业于哈尔滨东方学和商学院，成为享有资格证书的汉学家。1945—1957 年在铁路局任职。1957—

1961 年在北京的中华人民共和国铁道部任职，同时在北京铁道学院兼职授课。1961 年秋来到美国加利福尼亚。1966 年任职于"自由欧洲"电台和"自由"电台的纽约分部，是东南亚发展问题和中苏关系问题领域的稀缺专业人士。施里亚耶夫以 K.巴甫洛夫的笔名在俄语侨民期刊上有过发表，著有数篇时评随笔和分析短评。1970 年成为纽约大学俄罗斯文艺和俄语教授。著有数部中国现代史和中苏关系领域的书籍，其中两部于 2002 年在俄罗斯出版①。

鲍里斯·阿纳尼耶维奇·舒里克维奇（Шулькевич Борис Ананьевич, 1885—1963），少将。毕业于辛比尔斯克武备中学和巴甫洛夫斯克军事学校，以少尉军衔在禁军狙击骑兵团开始服役。参加过第一次世界大战，因作战勇猛、表现优异而被授予多枚军事勋章及圣乔治武器。至 1917 年已晋升为上校。国内战争期间在白军统帅麾下作战于东部战线，统帅一个团的兵力，还曾任师长。1919 年晋升为少将，供职于国防部办公厅。1920 年后移民中国东北，生活在哈尔滨，是禁军狙击骑兵团官员联

---

① Шиляев Е.П. Лики и профили вождей Красного Китая. Калуга, 2002; Шиляев Е.П. На грани обвала. Советско-китайские отношения в 60-е – 70-е годы прошлого столетия. Калуга, 2002.

盟的成员。1945 年红军部队进入中国东北后被捕，被押解回苏联，并在狱中度过了十年。20 世纪 50 年代中期，由于其移民海外的亲属的不断奔走，舒里克维奇被释放出狱，获得了离开苏联的机会，并移民美国加利福尼亚。

彼得·尼古拉耶维奇·舒姆斯基（Шумский Петр Николаевич, 1901—? ），国内战争参加者，在白军统帅麾下作战，参加过西伯利亚"冰原行军"。1922 年后移民中国，1957 年赴澳大利亚投奔女儿，两年后又从澳大利亚迁至二女儿所在的美国。

帕维尔·伊诺肯季耶维奇·希戈列夫（Щеголев Павел Иннокентьевич, 1896—1978），社会政治活动家，出生于一个旧礼仪派教徒之家。毕业于奔萨师范学院。1914 年以后备军士官生的身份进入军中服役并成为准尉。参加过第一次世界大战。1917 年末布尔什维克党人上台后回到阿尔泰的老家。曾志愿服役于高尔察克的西伯利亚军，加入过高尔察克的贴身卫队。高尔察克被红军俘获后，希戈列夫被羁押至伊尔库茨克监狱。后和一群其他在押因犯成功越狱，逃往原始森林，并从伊尔库茨克艰难跋涉至哈巴罗夫斯克。后移民中国东北，生活在哈尔滨。1923 年途经日本来到美国，定居旧金山，在工厂任机械员以赚钱谋生。尽管自身资金并不宽裕，但还是为从各国迁至美国的俄侨同胞提供力所能及的援助。希戈列夫还参加了新泽西州的旧礼仪派教徒团体。曾从事社会活动。正是在他的直接参与下，"祖国"协会得以成立。希戈列夫还是美国俄侨大会及其他数个俄侨社会组织的成员。

弗拉基米尔·亚历山德罗维奇·艾森（Эссен Владимир Александрович, 1893—1954），军官。1915年毕业于基辅第三准尉学校。参加过第一次世界大战，负伤后被授予题有"表彰骁勇将士"的圣安娜四级勋章。以少尉军衔参加过国内战争，在白军统帅麾下作战于东部战线，并晋升为中尉。后移民中国，定居上海，在私有公司工作以赚钱维持生计。后迁至美国加利福尼亚，生活在旧金山，担任制图员，并参加俄侨的社会生活，是伟大战争俄罗斯老兵协会的成员。

叶莲娜·亚历山德罗芙娜·亚各布逊（Якобсон Елена Александровна, 1913—2002），语文学家，教师。国内战争期间随家人移民中国，在天津和哈尔滨接受了教育，获经济学和法学学士学位，教授俄语语言文学。嫁给了一名美国人为妻。日军侵华战争初期沦为难民。1945年来到美国，任翻译和美国之音广播电台员工。撰写了数部对外俄语教材，为美国国家机构工作人员教授俄语，

还从事文学创作。1983 年以教授职称退休，是美国斯拉
夫语言和东欧语言教师协会及诸多其他学术团体的
主席。

维多利亚·尤里耶芙娜·扬科夫斯卡娅（Янковская
Виктория Юрьевна, 1906—1996），诗人。出生于符拉迪
沃斯托克的一个著名商人之家。国内战争期间随家人迁
至中国，并在中国从事外语学习和文学创作，撰写诗歌
与散文，并在诸多俄侨期刊上有过发表。还将其短篇小
说翻译成日语，并在日本出版物上发表。1949 年从中国
迁至姐姐所生活的智利，在智利掌握了西班牙语并从事
文学作品的翻译。来到美国后起初生活在纽约，后迁至
加利福尼亚俄罗斯河畔的俄罗斯村。与《俄罗斯生活》
报有合作关系。

结　语

正如大多数移民潮一样，20世纪上半叶俄侨群体从中国向美国的迁徙是在一系列事件的大背景下发生的，其动机包括：由于战争、政治或经济等原因导致的避难需求，谋求更好的生活，与家人团聚。与此同时，笔者认为，俄侨从中国向美国的迁移进程有着鲜明的特征，因为只有在相当程度的特定条件之下，那一时期在中国的俄侨才可以被称为"俄侨"。19世纪末至20世纪初中东铁路建设期间，许多俄侨赴中国东北是出于工作需要，就像我们如今所说的"长期驻外"，并未想到日后无法再返回俄国。国内战争中在西伯利亚溃败而撤退的"白军运动"参加者以及俄罗斯难民依然希望十月革命前的秩序能够恢复，希望自己能重返故土。大量难民涌入哈尔滨，使得俄罗斯侨民也分为两种类别：早已在此生活的俄侨以及新来的俄侨。但与欧洲俄侨不同的是，起初俄侨越过中俄边界，并不是主动的移民进程，更确切地说应该是延续不断的战争撤退所导致的被动移民。保留下来的中东铁路用地治外法权使俄侨感觉自己依然身处俄国。与中国居民的融合并未发生也不可能发生，哈尔滨的俄侨依然保持着自己的生活方式。在俄罗斯侨民区于中国东北逐渐形成时期，身处那里并未被视作被迫离开祖国（即移民）。

　　在人类学的视角下，移民是民族的个体或群体迁移至"他者的"文化空间的行为。这种身份的转变是最具神秘色彩的文化现象之一。从一种状态进入另一种状态往往伴随着众多冲突，在此背景下会形成新的社会心理类型。对保持民族性的追求是不知不觉体现出来的[①]。侨民对自我的认知来自生活在遥远故土上的民族形象，这一点使侨民的民族自我认同问题进一步复杂化。例如，1917 年十月革命之前在中国出生的俄侨以及在美国及其他国家长大的俄侨子女，他们是从外部以特殊形式获取有关俄罗斯文化的信息，因为对于俄侨群体生活的文化环境而言，一切有关俄罗斯的事物都是"外来的""他

---

　　① 参见：Сепир Э. Избранные труды по языкознанию и культурологии. М., 1993. С. 594.

者的"①。我们的海外俄侨同胞对自己是"真正俄侨"的普遍感知以及对所谓"俄罗斯性"的理解，在很大程度上都与在俄国本土的俄侨对自身的理解不相符合。与这项观察结果相矛盾的是，苏联加盟共和国的俄罗斯族已意识到自身与俄罗斯联邦的俄罗斯族有不尽相同之处，当年对格鲁吉亚和爱沙尼亚俄侨的社会人口学调查也证实了这一点②。对俄侨而言，侨居海外时他们常常将"俄罗斯性"的核心概念与东正教混为一谈，而理想化的民族形象则促进了俄侨行为模式的刻板印象③。俄侨媒体中一篇以"俄罗斯性"为主题的作品十分典型：

在俄罗斯，我们无权因俄罗斯性的丧失而埋怨或指责一个人。无人知道，假如我们生活在苏联的话，我们之中大多数人的行为模式会是怎样。但是在国外，我们已尽一切可能来使自己依然是历史上的东正教和俄罗斯性概念

---

① 有关"自我的"和"他者的"关系参见：Чеснов Я. В. Этнический образ // Этнознаковые функции культуры. М.,1991. С. 59.

② 参见：Русские этносоциологические очерки. М.,1992. С. 378–379.

③ 参见：Чеснов Я. В. Этнический образ // Этнознаковые функции культуры. М.,1991. С. 62.

中的俄侨。身处俄国之外，我们未曾用俄尺去
丈量俄国——我们并不是永远了解俄国，却总
是在盲目地相信俄国。无论过去与将来，我们
生活中的主旋律永远是对东正教俄罗斯的忠
诚。[①]

　　侨居国外的民族团体中会自然表现出民族特色，这
首先体现在日常生活交往的领域[②]。在适应新的生活环
境的过程中，侨民团体时常会受到同化，遵循"他者的"
行为刻板模式也会成为"自我"群体中的规范。对于从
中国迁至美国的俄侨而言，对新文化环境的适应机制是
独特的。较之于欧洲国家的俄侨群体或直接从俄国及欧
洲迁至美国的俄侨，从中国迁往美国的俄侨群体在与东
方（中国）和西方（美国）文化的互动进程中，其西方
化的程度要低得多。中国文化有着强烈的同化传统。在
中国出生或长时间生活在那里的俄侨会不自觉地形成对
同化的免疫，且美国"大熔炉"非但没有开启抹去俄罗

[①] С нашей стороны... // Русская жизнь. 1996, 19 марта.

[②] 参见：Байбурин А. К. Некоторые вопросы этнографического
изучения поведения // Этнические стереотипы поведения. Л., 1985.
С. 4–5.

斯民族特性的进程，反而促成了"俄罗斯性"的强化。
正如包括中国华侨在内的其他侨民一样，美国俄侨完成
了保持其民族性的文化目标①。这种自我保持民族性的
机制之一便是对"自我的"民族特征的强调：遵循传统
的行为模式、遵守宗教礼仪、制作本民族菜肴、节日期
间穿着本民族服饰。20 世纪 20—50 年代，我们的俄侨
同胞在从中国迁移至美国的移民潮中，无论是自愿迁移
还是生活所迫，他们都克服了政治、法律和资金方面的
重重阻碍来到了美国。他们之中既有数以千计的普通人，
也有上百个杰出人物：伟大的工程师、理论学者、律师、
才华横溢的文学家、画家、演员、音乐家、积极的社会
活动家、商人。在一定的研究视域下，"平凡人"的命运
甚至比杰出知名人士的履历更加精彩。但与此同时，知
名俄侨的生活状况十分鲜明地映衬了俄侨离散海外时生
存的艰难性。俄侨从中国迁至美国的历史、在某些领域
有所建树的俄侨的命运，一方面展示了俄侨有能力快速
融入"他者的"社会，另一方面也成为俄侨为保存其民

---

① 参见：материалы антропологического исследования
иммигрантов в США: HIA. Coll. Survey of Race Relations. 37 ms.
boxes. Anthropological Investigative Project Sponsored by Various
Private Organizations.

族文化共性而积极奋斗的范例。

在中国的俄侨身处"他者的"民族文化环境之中，却创建了"自己的"民族文化空间，具备一系列国家建构的属性。在哈尔滨和中东铁路用地，有着独特的保存所谓的"俄罗斯性"的机制与适应移民条件下社会文化生活的独特原则。治外法权的丧失导致了中国东北的俄罗斯居民转变为移民共同体。根据中苏约定，只有中国和苏联公民才可以任职于中东铁路，但那时大多数的俄侨均为无国籍人士，没有返回祖国的可能。就文化和人类学层面而言，无论俄侨的出身怎样，政治倾向如何，其与本土居民的差别都是如此之大，乃至于这一情形推动了在华的各类俄罗斯居民自发凝聚为一体。在俄侨群体中，拥有侨民地位的人士占多数，这导致了俄侨地位不仅扩散至难民，还扩散至在中东铁路用地生活多年的俄侨。俄侨本身时常拒绝承认自己是"俄侨"，并给出了各种各样其他的自我认知版本。正如前文所述，自我认同类型的选择在很大程度上都是由各类民族、社会和年龄属性来划定的。

20世纪30年代，俄侨开始大规模从中国东北迁往上海，上海也因此成为中国的俄侨中心。上海的俄侨处于特殊的状况之中，较英国人、法国人和其他国家的公民而言，享有的法律权利也少得多。在上海，很多中国俄侨首次在实地（上海公共租界和上海法租界）接触到了西方文化。对"他者"文化和"他者"的社会利益的高度抵触性是中国俄侨群体所特有的。与此同时，离俄国边境愈发遥远这一点也促进了俄侨群体自觉的形成。这一进程是在一系列互相关联的社会政治和民族文化因素的作用下逐步演进的，如白军在西伯利亚和远东的最终溃败、中国东北俄侨治外法权的丧失、许多俄侨在中国对苏联国籍的接受、俄侨群体中"俄侨"和"海外苏联公民"的分野、与本土民众的文化异质性（东西方文化的对立）。长期身处中国并未导致俄侨被同化。在迁移的过程之中，业已形成的文化特性被携带至美国，而从中国迁入的俄侨在美国俄侨区的人员结构中占有特殊地位，形成了"有着中国过去的"俄侨共同体，其特点为侨居上海时期形成的与欧洲人和美国人相似的社会文化共性，以及在"他者"文化空间的边界之中保持俄罗斯文化和俄罗斯行为模式（俄罗斯性）的能力。

俄侨从中国迁至美国时主要前往加利福尼亚的原因在于，正是在那里创立了中国俄侨援助运动的中心，坐落着各类俄侨组织的总部。加利福尼亚大学伯克利分校在1920—1923年接收了来自哈尔滨的俄罗斯学生入学,许多中国俄侨难民的亲属也生活在旧金山和洛杉矶。美国俄侨联合进程的性质受到了哈尔滨和上海俄侨所处形势的演进动态的影响,而出于支持在华俄侨同胞的共同目的,许多俄侨组织在美国涌现。

笔者认为,俄侨从中国迁至美国的历史经验,不仅对于历史学家和人类学家而言是有意义的,对外交工作者和其他从事与境外同胞发展人文和工商合作的俄罗斯专家而言也是如此。

缩略语列表

АМРК – Архив Музея русской культуры в Сан-Франциско

АПХ – Архивное управление провинции Хейлунцзян

ВИА – Второй исторический архив КНР в Нанкине

КВЖД – Китайско-Восточная железная дорога

ПИА – Первый исторический архив КНР в Пекине

РЭК – Российский эмигрантский комитет

ФРБО – Федерация русских благотворительных организаций

ХПИ – Харбинский политехнический институт (университет)

HIA – Hoover Institution Archives

IRO – International Refugee Organization

UCB – University of California, Berkeley, Bancroft Library.

档案文献

1. АМРК. Архив фон Арнольд (Щербаковой). Ящик 1656. Архив семьи Щербаковой. Russians in San Francisco. January, 1943.

2. АМРК. Архив фон Арнольд А. Р. Ящик 1513. A Biographical Profile of Roman A. von Arnold. Part 1. Life, such as it comes... Part 2. The way to America. By Dora Arnold.

3. АМРК. Архив Борзова В. Н. Ящик 1464. Корреспонденция ФРБО.

4. АМРК. Архив Борзова В. Н. Ящик 1465. Обозрение. Орган российского профессионального христианского движения. На правах рукописи 1948. Вып. 8–9. Декабрь. Келлербер, Австрия; материалы о лагере беженцев на острове Тубабао (Филиппины).

5. АМРК. Оп.66. Архив Морозовой О. А. Биографии эмигрантов 1930–1940 гг.

6. АМРК. Архив Студенческого общества в Беркли. Ящик 1. Деловая переписка, номера «Информационного бюллетеня» общества.

7. АМРК. Архив Федерации Русских Благотворительных Организаций в США. Ящик 1342. Папка «Minutes of Meetings of the Board of Directors and General Assembly. 1950–1957».

8. АУПХ. Ф.77. Оn.2. Д.135. Уполномоченный по устройству русских беженцев...; Д.249. Список беженцев, проживающих в районе полицейского участка N 189.

9. АУПХ. Ф.77. Оп.4. Д.1–25. Доктор Джеймс Грейг. Лига Наций. Верховная комиссия по беженцам. Делегат в Китае; Классификация числа беженцев без предвиденных занятий. Группировка занятий.

10. АУПХ. Ф.77. Оп.4. Д.61. Харбинский Комитет помощи русским беженцам.

11. АУПХ. Ф.77. Оп.4. Д.136. Главноначальствующему трех восточных провинций...

12. ВИА. Ф. 699. Д. 404. Документы российской железной дороги.

13. ВИА. Ф.18. Д.974. Шанхайское Бюро общественной безопасности. Брачные списки иностранцев.

14. ВИА. Ф.18. Д.980. Шанхайское Бюро общественной безопасности. Прошения русских эмигрантов о въездных визах.

15. ВИА. Ф.18. Д.981. Шанхайское Бюро общественной безопасности. Прошения русских эмигрантов о выездных визах.

16. ПИА. Ф. Китайско-иностранные связи. Оп.329.166. Д.1–32. О посылке войск с целью возврата [территории].

17. HIA. Coll. von Arnold, Antonina R. 1 folder. A Brief Study of the Russian Students in the University of California. April 30, 1937.

18. HIA. Coll. Bogoiavlenskii, Nikolai Vasil'evich. 1 folder. Переписка с Императорской канцелярией.

19. HIA. Coll. Chuhnov, Nicholas. 1 folder. Russia C559. Открытое письмо Г.Трумэну.

20. HIA. Coll. Day, George Martin. Box 1. Письма, материалы социологических опросов русских в Калифорнии, списки русских студентов (1920–1930-е гг.).

21. HIA. Coll. Dolbezhev, Konstantin Vladimirovich. 1 folder. Воспоминания (1994 г.). V.1.

22. HIA. Coll. Golitsyna, Liubov' V. Box 2. Письма (1917–1933е гг.).

23. HIA. Coll. Karmilof, Ol'ga. 1 folder. Story of my life: mimeograph.

24. HIA. Coll. Kharbinskii Komitet pomoshi russkim bezhentsam. 1 folder. Деловые бумаги Комитета помощи русским беженцам (1932 г.).

25. HIA. Coll. Komor, Paul. 1 folder. T3 China 3524. Письма.

26. HIA. Coll. Krasno, Rina. 1 box. Экземпляр альбома: Жиганов В. Русские в Шанхае. Шанхай, 1936.

27. HIA. Coll. Landesen, Arthur. Box 1. Переписка консульского отдела в Сан-Франциско с русскими организациями в Китае и дипломатическими миссиями в Южной Америке (1920–1930-е гг.). Объединенный Комитет (1925).

28. HIA. Coll. Landesen, Arthur. Box 3. National Information Bureau, Inc. Материалы обзора нужд беженцев по просьбе Объединенного Американского Комитета Содействия Русским (1929 г.).

29. HIA. Coll. Levaco, Benjamin Michael. Box 2. A Trip into the Past.

30. HIA. Coll. Martens, Ludvig. 1 folder. Letter, 1919, to Boris Bakmetev.

31. HIA. Coll. Miroliubov, Nikandr Ivanovich. Box 2. Russian NonSocialist Organizations in Harbin, China. Outgoing Correspondence, 1921.

32. HIA. Coll. Serebrennikov, Ivan Innokent'evich. Box 4. Folder 1947–1948. Дневник.

33. HIA. Coll. Serebrennikov, Ivan Innokent'evich.

Box 9. A Great Retreat: Wanderings and Scatterings of the Russian White Armies in Northern and Central Asia. 1919–1923: typescript (247 p.).

34. HIA. Coll. Shapiro, Nadia L (Nadia Lavrova). Box 1. Central Intelligence Agency. Notification of Personnel Action (1948 г.). Box 3, 1 folder. Records of US Government Service and Related Materials.

35. HIA. Coll. Survey of Race Relations. 37 ms. boxes. Anthropological Investigative Project Sponsored by Various Private Organizations.

36. HIA. Coll. Zubets, Vladimir Aleksandrovich. 1 box. На службе в китайской армии. Воспоминания (1933 г.).

37. UCB, Bancroft. 87/6 zc. Russian Emigre Recollections: Life in Russia and California.

38. UCB, Bancroft. 72/93 z. Guins G. Compressions of the Russian Imperial Government.

39. UCB, Bancroft. 67/103 c. Malozemoff E. The Life of a Russian Teacher.

40. UCB, Bancroft. 87/3 z. Sharov L. A. Life in Siberia and Manchuria, 1898–1922. A memoir completed in Los Angeles, California ca. 1960. (машинопись).

41. UCB, Bancroft. Shebeko, Boris. Russian Civil War (1918–1922), and Emigration. An Interview Conducted by Richard A. Pierce. Berkeley, 1961.

参考文献

1. Аблова Н.Е. КВЖД и российская эмиграция в Китае: международные и политические аспекты истории (первая половина XX века). М., 2005.

2. Аварин В. «Независимая» Маньчжурия. М., 1932.

3. Аварин В. Империализм в Маньчжурии. Т.1. Этапы империалистической борьбы за Маньчжурию. М.-Л., 1934.

4. Автономов Н. П. Обзор деятельности Сан-Францисского Отдела Русско-Американского Союза защиты и помощи русским вне России. Сан-Франциско, 1970.

5. Александров Е. А. Русские в Северной Америке. Биографический словарь. Под ред. К. М. Александрова и А. В. Терещука. Хэмден –

Сан-Франциско – СПб., 2005.

6. Андреев Г. И. Революционное движение на КВЖД в 1917-1922 гг. Новосибирск, 1983.

7. Аурилене Е. Е. Российская эмиграция в Маньчжурии в 30–40-е годы XX века: [На примере деятельности Бюро по делам российской эмиграции в Маньчжурской империи]. Автореф. дисс. к.и.н. Владивосток, 1996.

8. Афанасьев А. Одиссея генерала Яхонтова. М., 1988.

9. Бабаков В. Г. Кризисные этносы. М., 1993.

10. Баграмов Л. А. Иммигранты в США. М., 1957.

11. Байбурин А. К. Некоторые вопросы этнографического изучения поведения // Этнические стереотипы поведения. Л., 1985. С. 7–21.

12. Балакшин П. Финал в Китае. Возникновение, развитие и исчезновение Белой эмиграции на Дальнем Востоке. Т.1-2. Сан-Франциско, Париж, Нью-Йорк, 1958.

13. Балмасов С. М. Иностранный легион. Русские в китайской гражданской войне. М., 2005.

14. Башкирова Г., Васильев Г. Путешествие в Русскую Америку. Рассказы о судьбах эмиграции. М., 1990.

15. Белая эмиграция в Китае и Монголии. Сб. статей. М., 2005.

16. Библиографический бюллетень КВЖД. Харбин, 1927.

17. Болховитинов Н. Н. Русско-американские отношения и продажа Аляски, 1834-1867. М., 1990.

18. Будберг А. Дневник белогвардейца. Л., 1929.

19. Вараксина Л. А. Из истории культуры российской эмиграции в Маньчжурии в 20–30-е гг. (Обзор документов Госархива Хабаровского края) // Дальний Восток России — Северо-Восток Китая: исторический опыт взаимодействия и перспективы сотрудничества. Материалы международной научно-практической конференции, посвященной 60-летию Хабаровского

края, 100-летию со дня строительства КВЖД и города Харбина. Хабаровск, 1998. С. 181–183.

20. Василенко Н. А. История Российской эмиграции в освещении современной китайской историографии. Владивосток, 2003.

21. Вестник Маньчжурии, 1934, № 11–12.

22. Вестник Объединения офицеров Генерального штаба в городе Сан-Франциско, 1931-1932, № 1–2.

23. Вильчур М. В Американском горниле. Из записок иммигранта. Нью-Йорк, 1914.

24. Вильчур М. Русские в Америке. Нью Йорк, 1918.

25. Вишнякова-Акимова В. В. Два года в восставшем Китае. 1925-1927. М.,1980.

26. Во имя правды о Белом Движении и его вождях. Сан-Пауло, 1954.

27. Возрождение Азии, 1933-1937.

28. Война за великую Азию и задачи российских эмигрантов. —Харбин, 1942.

29. Волков С. В. Офицеры российской гвардии. Опыт мартиролога. М., 2002.

30. Волохова А. А. Иностранные миссионеры в Китае. М., 1969.

31. Вяткина С. В. Концепт «Родина» в эмигрантских рассказах (на материале творчества Г. Газданова) // Язык и ментальность: текст и концепт: Вып. 1. СПб, 2004. С. 67–75.

32. Галенович Ю. М. «Белые пятна» и «болевые точки» в истории советско-китайских отношений. Т. 1–2. М., 1992.

33. Геннеп А., ван. Обряды перехода: систематическое изучение обрядов. М., 2002.

34. Говердовская Л. Ф. Общественно-политическая и культурная деятельность русской эмиграции в Китае в 1917-1931 гг. Дисс. канд. ист. наук. М., 2000.

35. Годы. Люди. Судьбы. История российской эмиграции в Китае: материалы международной научной конференции, посвященной 100-летию Харбина и КВЖД. 19-21 мая 1998 г.

ИРИ РАН. М., 1998.

36. Грозин Н. Защитные рубашки. Шанхай, 1939.

37. Громов И.А., Мацкевич А.Ю., Семенов В. А. Западная теоретическая социология. СПб, 1996.

38. Гудошников Л., Трощинский П. Китайский исследователь Ван Чжичэн об истории шанхайской ветви русской эмиграции // Проблемы Дальнего Востока. 2000. № 4. С. 146–155.

39. Гуревич А. Л. История деятельности Русского студенческого христианского движения: 1923-1939 гг. М., 2003.

40. Гуревич А. Я. О кризисе современной исторической науки // Вопросы истории. 1991. № 2–3. С. 21–36.

41. Дальневосточная политика Советской России (1920-1922 гг.). Сборник документов Сибирского бюро ЦК РКП (б) и Сибирского революционного комитета. Новосибирск, 1996.

42. Даниельсон Е. Архивы русских эмигрантов в

Гуверовском институте // Вестник архивиста. 2001. № 1. С. 202–211.

43. Деникин А. И. Русский вопрос на Дальнем Востоке. Париж, 1932.

44. День Русского Ребенка. Ежегодное издание, 1938, 1943, 1949. Вып. 5, 10, 16.

45. День русской культуры, 1925.

46. Дзгоев А. 3413 дней... Машинописная рукопись. 1994-1995.

47. Донецкий В. Харбинские тайны. Харбин, 1925.

48. Дроздов М., Черникова Л. Русский клуб в Шанхае, его прошлое и настоящее // Проблемы Дальнего Востока. 2001. № 5. С. 131–137.

49. Дубинина Н. И. Харбинский эксперимент культурного взаимодействия русских и китайцев // Дальний Восток России – Северо-Восток Китая: исторический опыт взаимодействия и перспективы сотрудничества. Материалы международной научно-практической конференции,

посвященной 60-летию Хабаровского края, 100-летию со дня строительства КВЖД и города Харбина. Хабаровск, 1998. С. 177–180.

50. Дубинина Н. И., Ципкин Ю. Н. Об особенностях дальневосточной ветви российской эмиграции. (На материалах Харбинского комитета помощи русским беженцам.) // Отечественная история. 1996. № 1.С. 70–84.

51. Евтух В. Б. Концепции этносоциального развития США и Канады: типология, традиции, эволюция. Киев, 1991.

52. Елизарова Г. В. Культурологическая лингвистика (опыт исследования понятия в методических целях). СПб, 2000.

53. Еловский И. Русские студенты в Калифорнии. Сан-Франциско, 1924.

54. Енборисов Г. От Урала до Харбина. Шанхай, 1932.

55. Еропкина О. И. Русские и китайские школы на КВЖД. 20-е гг. // Проблемы Дальнего

Востока. 2001. № 3. С. 132–138.

56.　Ефимов Г. В. Внешняя политика Китая. 1894-1899. М., 1958.

57. Жиганов В. Русские в Шанхае. Шанхай, 1936.

58. Заря, 1929-1936.

59. Иванова Г. Д. Русские в Японии XIX – нач. XX в. Несколько портретов. М., 1993.

60. Из истории российской эмиграции. Сб. статей. СПб., 1992.

61. Известия юридического факультета в Харбине, 1925-1938, № 1–12.

62. Издательства и издательские организации русской эмиграции. 1917-2003 гг. Энциклопедический справочник. СПб, 2005.

63. Ильина Н. Дороги и судьбы. М., 1988.

64. Исторические контакты России и Советского Союза с Китаем на Дальнем Востоке во второй половине XIX – первой половине XX вв. Владивосток, 1986.

65. Исторический обзор КВЖД. 1896-1923 гг. Сост. Е.Х.Нилус. Харбин, 1923.

66. Источники и историография по истории адаптации российских эмигрантов в 19-20 вв. // Отечественные архивы. 1996. № 2. С. 123.

67. Кабузан В. М. Русские в мире. Динамика численности и расселения (1719-1989). Формирование этнических и политических границ русского народа. СПб, 1996.

68. Камский. Русские белогвардейцы в Китае. М., 1923.

69. Каневская Г. И. русская эмиграция из Китая в Австралию (20-80-е гг. XX в.) // Дальний Восток России – Северо-Восток Китая: исторический опыт взаимодействия и перспективы сотрудничества. Материалы международжной научно-практической конференции, посвященной 60-летию Хабаровского края, 100-летию со дня строительства КВЖД и города Харбина. Хабаровск, 1998. С. 147–150.

70. КВЖД. Библиотека. Библиографический сборник. Харбин, 1932.

71. КВЖД. Сборник документов). Т. 1–3. Харбин, 1986. (Кит. яз.).

72. Кепинг О. В. Последний начальник российской Духовной миссии в Китае – архиепископ Виктор: жизненный путь // Православие на Дальнем Востоке. СПб, 1993. С. 91–99.

73. Кислицын В. А. В огне гражданской войны. Мемуары. Харбин, 1936.

74. Китай и русская эмиграция в дневниках И.И. и А.Н.Серебренниковых. 1919-1934. Т. 1. М.-Стэнфорд, 2006.

75. Ковалевский П. Е. Зарубежная Россия – история и культурно-просветительская работа русского зарубежья за полвека 1920-1970. Т.1-2. Париж, 1971-1973.

76. Коваленко А. И. Культура русской казачьей эмиграции в Китае // Исторический опыт освоения Дальнего Востока. 2001. Вып. 4. С. 236–242.

77. Коган М. Э. Поведенческие индикаторы

этнокультурных ориентации у горожан // Этнические стереотипы поведения. Л., 1985. С. 34–47.

78. Кононова М. Деятельность дипломатов царского и Временного правительств в эмиграции в 1917-1938 гг. // Международная жизнь. 2001. 9–10. С. 71–83.

79. Королев Н. В. Страны Южной Америки и Россия (1890-1917). Кишинев, 1972.

80. Кочубей О. И., Печерица В. Ф. Исход и возвращение... (русская эмиграция в Китае в 20–40-е годы). Владивосток, 1998.

81. Красноусов Е. М. Шанхайский русский полк. Сан-Франциско, 1984.

82. Краткая история православной миссии в Китае. Пекин, 1927.

83. Кудряшов Ю. В. Российское скаутское движение. Архангельск, 1997.

84. Кузнецов В. С. Внешняя политика Китая в 1928-1937 гг. Ч. 1-2. М., 1992.

85. Кузнецова Т. В. Центры русского книжного

дела в Китае в 1917-1949 гг. Автореф. дисс. к.и.н. Новосибирск, 1999.

86. Культурное наследие российской эмиграции: 1917-1940-е годы. Сборник материалов. М., 1993.

87. Лаврушин из Сан-Франциско и Лаврушин из Перми // Ленские зори. 1990. 25 сентября.

88. Лазарева С. И. Роль женщин-эмигранток в общественно-политической жизни Харбина (20-е – сер. 40-х гг. XX в.) // Дальний Восток России – Северо-Восток Китая: исторический опыт взаимодействия и перспективы сотрудничества. Хабаровск, 1998. С. 114–116.

89. Лазарева С. И., Сергеев О. И., Горкавенко Н. Л. Российские женщины в Маньчжурии: краткий очерк из истории эмиграции. Владивосток. 1996.

90. Леви-Строс К. Структурная антропология. М., 2001.

91. Левошко С. С. Русская архитектура в Маньчжурии. Конец XIX – первая половина

XX века. Хабаровск, 2004.

92. Ли Мэн. Харбин – продукт колониализма // Проблемы Дальнего Востока. 1999. № 1. С. 96–103.

93. Лидин Н. Русские эмигранты в Шанхае (русская эмиграция в Китае) // Русские записки.1937. № 2. С. 218.

94. Литературная энциклопедия Русского Зарубежья (1918-1940). Писатели Русского Зарубежья. М., 1997.

95. Луч Азии, 1936-1944.

96. Мартиролог русской военно-морской эмиграции по изданиям 1920-2000 гг. Под ред. В. В. Лобыцына. М. - Феодосия, 2001.

97. Мартышкин С. А. Японская иммиграция в США: проблемы интеграции и этнического самосохранения. (1868-1945). Автореф. дисс. д.и.н. М., 1995.

98. Международная научная конференция. Годы, Люди, Судьбы. История российской эмиграции в Китае. М., 1998.

99. Международные отношения на Дальнем Востоке. Кн. 1. М.,1973.

100. Мелихов Г. В. Белый Харбин: середина 20-х. М., 2003.

101. Мелихов Г. В. Зарисовки старого Харбина // Проблемы Дальнего Востока. 1990. № 2. С. 130–139.

102. Мелихов Г. В. Маньчжурия далекая и близкая. М., 1991.

103. Мелихов Г. В. Российская эмиграция в Китае (1917-1945). М., 1997.

104. Мелихов Г. В. Современная литература об общественных организациях помощи российским беженцам в Шанхае (1920-е годы) // Социально-экономическая адаптация русских эмигрантов (конец XIX -XX вв.). М., 1999. С. 44–54.

105. Мелихов Г. В., Шмелев А. В. Документы эмиграции Дальнего Востока в фондах Музея русской культуры Русского центра в Сан-Франциско // Россика в США: Сборник

статей (Материалы к истории русской политической эмиграции; вып. 7). М.: Институт политического и военного анализа. 2001. С. 186–204.

106. Моравский Н. В. Остров Тубабао. 1949-1951. Последнее пристанище российской дальневосточной эмиграции. М., 2000.

107. На пути к Родине. Иллюстрированное издание российских антикоммунистов в Северном Китае, 1939, № 1.

108. Назаров М. В. Миссия русской эмиграции. М., 1994.

109. Наше время, 1951.

110. Незабытые могилы. Российское зарубежье: Некрологи 1917-1997 в шести томах. Сост. В. Н. Чуваков. Т.1. М., 1999.

111. Неизвестный Харбин. М., 1994.

112. Нилус Е. Х. Исторический обзор Китайской Восточной железной дороги. 1896-1923 гг. Харбин, 1923.

113. Новая заря, 1948.

114. Оглезнева Е. А. Русская диаспора в Харбине: уровни лингвистической адаптации // Восточная Азия — Санкт-Петербург — Европа: межцивилизационные контакты и перспективы экономического сотрудничества. 2-6 октября 2000 г. Тезисы и доклады. СПб, 2000.

115. Окороков А. В. Русский фашизм. М., 2002.

116. Окунцов И. К. Русская эмиграция в Северной и Южной Америке. Буэнос-Айрес, 1967.

117. Орехов В. В., Тарусский Евг. Армия и Флот. Справочник. Париж, 1931.

118. Отчеты по харбинским мужскому, женскому, коммерческому училищам. 1914-1915 уч. г. Харбин, 1916.

119. Очерк деятельности Объединенного комитета русских национальных организаций в г. Сан-Франциско. 1925-1950 гг. Издание Объединенного комитета русских национальных организаций Сан-Франциско. Сан-Франциско, 1950.

120. Очерк участия охранной стражи КВЖД в событиях 1900 г. в Маньчжурии. Харбин, 1910.

121. Очерки торгового права Китая. Вып. 1. Торговые товарищества. Харбин, 1930.

122. Пашуто ВТ. Русские историки-эмигранты в Европе. М., 1992.

123. Петров В. П. Краткий очерк о пребывании русских в Калифорнии в конце 19 века. Лос-Анжелес, 1974.

124. Петров В. П. Русские в Америке. XX век. Вашингтон, 1992.

125. Петров В. П. Русские в истории Америки. М., 1991.

126. Петров П. П. От Волги до Тихого океана в рядах белых. Рига, 1930.

127. Печерица В. Ф. Восточная ветвь русской эмиграции. Владивосток, 1994.

128. Печерица В. Ф. Духовная культура русской эмиграции в Китае. Владивосток, 1999.

129. Пименов В. В. Удмурты. Опыт компонентного

анализа этноса. Л., 1977.

130. Планета Харбин: КВЖД, г. Харбин, 1898-
1949 [Альбом] // Дальневосточная государственная
научная библиотека; Государственный архив
Хабаровского края. Автор-сост. Букреев А.
И. Хабаровск, 1998.

131. Поездка в Киренск. На сибирской реке Лене
// Русская жизнь. 1990. 29 декабря.

132. Поздняков И.А. «Русскость» в дискурсе
эмиграции // Русская эмиграция в Китае и
на Дальнем Востоке (1920-1945). Материалы
научной конференции РГПУ им. А.И.Герцена.
СПб, 1997. С. 13–15.

133. Поздняков И.А. «Русскость» в китайском
интерьере // Декоративное искусство и
дизайн: проблемы образования, творчества
и сохранения художественного наследия.
Материалы научно-практической конференции.
СПб, 1999. С. 115–117.

134. Поздняков И.А. Комментарий и публикация
в разделе «Неизвестные работы российских

историков». И. И. Серебренников. Великий отход. Рассеяние по Азии белых русских армий. 1919–1923 гг. // Клио, № 2. СПб, 1997. С. 37–40.

135. Поздняков И.А. Из Китая в Америку: историко-антропологический взгляд на русскую эмиграцию (1920-1950-е гг.). СПб., 2007. 368 с.

136. Поздняков И.А. Проблемы консолидации соотечественников за рубежом: история русской эмиграции из Китая в США (1920-1950-е гг.) // Международная жизнь. №9, 2019. С. 112–127.

137. Полевой Е. По другую сторону китайской границы. Белый Харбин. М., 1930.

138. Политехник, 1969-1979, № 10.

139. Полищук Э. А. Иммиграционная политика США после II Мировой войны. Автореф. дисс. к.и.н. Л., 1975.

140. Попов А. В. Русская диаспора в Синьцзян-Уйгурском автономном районе Китая // Национальные диаспоры в России и за рубежом в XIX-XX вв. М, 2001. С. 194–201.

141. Попов А. В. Русское зарубежье в интернете // История белой Сибири. Тезисы IV научной конференции. Кемерово. 2001. С. 251–257.

142. Попов А. В. Русское зарубежье и зарубежная архивная россика // Новый журнал (Нью-Йорк). 2003. № 230. С. 217–245.

143. Потапова И. В. Русская система образования в Маньчжурии. 1898-1945 гг. Автореф. дисс. к. и. н. Хабаровск, 2006.

144. Почему мы вернулись на родину. Свидетельства реэмигрантов. М., 1931.

145. Православие на Дальнем Востоке. Редкол.: Боголюбов М. Н. (отв. ред.) и др. СПб. 2004.

146. Проблемы изучения истории российского зарубежья. Сб. статей. М.,1993.

147. Раев М. Россия за рубежом: история культуры русской эмиграции. 1919-1939 гг. М., 1994.

148. Райан Н. Россия – Харбин – Австралия. М., 2005.

149. Роль иммиграции в этническом развитии американской нации // Материалы I симпозиума советских историков-американистов. М., 1973. С. 223–225.

150. Романова Г. Н. Экономические отношения России и Китая на Дальнем Востоке. XIX – начало XX в. М., 1987.

151. Российская эмиграция в Маньчжурии: военно-политическая деятельность (1920–1945). Сборник документов. Е. Чернолуцкая, 1994, составление, вступительная статья, приложение. Южно-Сахалинск, 1994.

152. Россияне в Азии. Литературно-исторический ежегодник. № 1. Осень 1994 года. Центр по изучению России и Восточной Европы. Торонто, 1994.

153. Русская жизнь, 1934-1996.

154. Русская колония в Соединенных штатах С. А. Издание Г. Вернадского. Нью-Йорк, 1922.

155. Русская эмиграция в Европе в 1920-1930-е гг. Вып. 2. СПб, 2005.

156. Русская эмиграция во Франции (1850-е – 1950-е гг.). Сборник статей. СПб, 1995.

157. Русская эмиграция до 1917 года – лаборатория либеральной и социальной мысли. СПб, 1997.

158. Русская эмиграция. Журналы и сборники на русском языке. 1981-1995. Сводный указатель статей. Париж – Москва, 2005.

159. Русские в Германии (1914-1933). Сборник статей. СПб, 1995.

160. Русские в Калифорнии, 1935, № 1–2.

161. Русские писатели эмиграции: биографические сведения и библиография их книг по богословию, религиозной философии, церковной истории и православной культуре. 1921-1972 гг. Сост. Н.Зернов. Бостон, 1973.

162. Русские этносоциологические очерки. М., 1992.

163. Русский Американец, 1995. Обзорный вып. 20.

164. Русский в Америке. Полный русско-

американский справочник. Сост. Крымский
В. Д. Нью-Йорк, 1931.

165. Русский в Аргентине, 1940-1944.

166. Русско-китайские отношения 1689-1916 гг.
Официальные документы. М., 1958.

167. Русское зарубежье. Золотая книга эмиграции.
Энциклопедический словарь. М., 1997.

168. Русское слово, 1928-1935.

169. С нашей стороны... // Русская жизнь. 1996.
19 марта.

170. Сепир Э. Избранные труды по языкознанию
и культурологии. М., 1993.

171. Сергеев В. Л. Очерки по истории Белого
движения на Дальнем Востоке. Издание
Бюро по делам российских эмигрантов в
Манчжурской империи. Харбин, 1937.

172. Сергеев О. И. Роль российской эмиграции в
хозяйственном освоении Варги (район
Северо-Восточного Китая) // Исторический
опыт освоения восточных районов России.
Тезисы докладов и сообщений международной

конференции. Кн. 2. Владивосток, 1993. С. 202.

173. Серебренников И. И. Гражданская война в России: Великий отход. М., 2003.

174. Серебренников И. И. Русские интересы в Китае // Эмигрантская библиотека.1934. № 9. С. 29–30.

175. Сетницкий Н. А. Русские мыслители о Китае. Харбин, 1926.

176. Сладковский М. И. История торгово-экономических отношений народов России с Китаем (до 1917 г.). М.,1974.

177. Смит С. Переписывая историю русской революции после краха коммунизма // Россия в 1917 году. Новые подходы и взгляды. Сборник статей. Вып. 3. СПб, 1994. С. 80–88.

178. Соколов А. Г. Судьбы русской литературной эмиграции 1920-х годов. М., 1991.

179. Соловьев Ф. В. Китайское отходничество на Дальнем Востоке России в эпоху капитализма

(1861-1917 гг.). М.,1989.

180. Соловьева Н. А. Периодические издания русской эмиграции в Харбине // Дальний Восток России – Северо-Восток Китая: исторический опыт взаимодействия и перспективы сотрудничества. Хабаровск, 1998. С. 226–227.

181. Сонин В. В. Крах белоэмиграции в Китае. Владивосток, 1987.

182. Софронова Е. И. Где ты моя Родина? Под ред. А. В. Попова. Вступ. ст. А. В. Попова. Материалы к истории русской политической эмиграции Вып. V. М., 1999.

183. Социальная структура Китая: XIX – первая половина XX в. М., 1990.

184. Социально-экономическая адаптация российских эмигрантов (конец XIX-XX вв.) Сб. статей. М, 1999.

185. Спешнев Н. А. Пекин – страна моего детства. Китайская рапсодия. Записки синхронного переводчика. СПб, 2004.

186. Старосельская Н. Повседневная жизнь «русского» Китая. М., 2006.

187. Статистический ежегодник КВЖД. Харбин, 1930.

188. Стефан Д. Русские фашисты: трагедия и фарс в эмиграции. (1925-1945 гг.). М., 1992.

189. Стефаненко Т.Г., Шлягина Е.И., Еникополов С.Н. Методы этнопсихологического исследования. М., 1993.

190. Стрелко А.А. Славянское население в странах Латинской Америки. Киев, 1980.

191. Струве Г.П. Русская литература в изгнании. Краткий биографический словарь Русского Зарубежья. Изд. 3-е, испр. и доп. Париж – М., 1996.

192. Тарле Г.Я. Научный симпозиум по проблемам истории адаптации российских эмигрантов // Отечественная история. 1995. № 5.

193. Таскина Е.П. Неизвестный Харбин. М., 1994.

194. Таскина Е.П. Русский Харбин. М., 1998.

195. Топоров В.Н. Пространство культуры и встречи в нем // Восток—Запад. Исследования. Переводы. Публикации. Вып. 4. М., 1989. С. 6–17.

196. Троицкая С. Русский Харбин. Воспоминания. Брисбен. 1995.

197. Трубецкой Н. С. «Русская проблема» // Россия между Европой и Азией: евразийский соблазн. Антология. М., 1993. С. 48–58.

198. Тудоряну Н. Л. Очерки российской трудовой эмиграции периода империализма. Кишинев, 1986.

199. Тулинова М. Два дня на фарме –сбор винограда // Русские в Калифорнии. 1935. № 2. С. 13–18. (Орфография и пунктуация сохранены).

200. Тэрнер В. Символ и ритуал. М., 1985.

201. Тяньцзин в дни окончания Второй Мировой войны // Русские в Китае (1898-1995). 1995.

№ 2.

202. У Золотых Ворот. Сборник. Литературно-
     художественный кружок в Сан-Франциско.
     1923-1957. Оклэнд, 1957.

203. Устрялов Н. В. На новом этапе. Шанхай,
     1930.

204. Устрялов Н. В. Наше время. Шанхай, 1934.

205. Федорова С. Г. Русское население Аляскии
     Калифорнии (конец XVIII – 1876 гг.). М.,
     1971.

206. Филиппов С. В. Иммиграция и гражданство.
     М.,1973.

207. Фрейнкман-Хрусталева Н.В., Новиков А.И.
     Эмиграция и эмигранты. СПб, 1995.

208. Харбин и его пригороды по однодневной
     переписи 24 февраля 1913 г. Т. 1. Итоговые
     таблицы. Вып. 3. Таб. № 14–29. Харбин,
     1914.

209. Хисамутдинов А.А. Белые паруса на
     Восточном Поморье. Владивосток, 2001

210. Хисамутдинов А. А. Музей русской

культуры в Сан-Франциско: материалы дальневосточной эмиграции // Отечественные архивы. 1999-5. С. 22–29.

211. Хисамутдинов А. А. Париж и русская эмиграция на Дальнем Востоке // Проблемы Дальнего Востока. № 3. 2001. С. 163–167.

212. Хисамутдинов А. А. Российская эмиграция в Азиатско-Тихоокеанском регионе и Южной Америке. Биобиблиографический словарь. Владивосток, 2000.

213. Хисамутдинов А. А. Российская эмиграция в Китае: опыт энциклопедии. Владивосток, 2002.

214. Хисамутдинов А. А. Следующая остановка – Китай: из истории русской эмиграции. Владивосток, 2003.

215. Циндао в конце Второй Мировой войны (1944-1945 гг.) // Русские в Китае (1898-1995). 1995. № 2.

216. Чеснов Я.В. Этнический образ // Этнознаковые функции культуры. М.,1991.

С. 58–85.

217. Чистякова Е.В. Русские страницы Америки. М.,1993.

218. Чуваков В.Н. Незабытые могилы. Российское зарубежье: Некрологи 1917-1967. Т.1. М., 1999.

219. Шкаренков Л.К. Агония белой эмиграции. М., 1987.

220. Шмаглит Р.Г. Русская эмиграция за полтора столетия. Биографический справочник. М., 2005.

221. Штейнфельд Н. Русское дело в Маньчжурии с 17 века до наших дней. Харбин, 1910.

222. Эмиграция и репатриация в России. М., 2001.

223. Этнолингвистические исследования. Этнические контакты и языковые изменения. СПб, 1995.

224. Abbott G. *The Immigrant and the Community.* New York, 1917.

225. *Americanization. Principles of Americanism; Essentials of Americanization; Technique of*

Race-Assimilation. Ed. by Talbot W. New York, 1917.

226. Auerbach F. L. Immigration Laws of the United States. Indianapolis, 1961.

227. Balch E. *Our Slavic Fellow Citizens*. New York, 1910.

228. Bastos de Avila F., S. J. L'immigration au Bresil. Contribution a une theorie generale de immigration. Rio de Janeiro, 1956.

229. Bulatov R. Частная коллекция архивных материалов. Вестник Российского Эмигрантского Комитета в Шанхае. Шанхай, 1942.

230. *China's Foreign Relations: A Chronology of Events (1949-1988)*. Beijing, 1989.

231. *Chinese Politics. Documents and Analysis. Vol.I: Cultural Revolution to 1969*. University of South Carolina Press. Columbia, 1986.

232. Coolidge M. *Chinese Immigration*. New York, 1909.

233. Davis J. *The Russian Immigrant*. New York, 1924.

234. Day G. M. *The Russians in Hollywood: A Study in Culture Conflict*. Los Angeles, 1934.

235. *Directory of American Organizations of Exiles from the USSR*. East European Fund, Inc. New York, 1952.

236. Displaced Persons Commission. Washington, 1949.

237. Displaced Persons Story. A Final Report of the United States Displaced Persons Commission. Washington, D. C.: United States Government Printing Office, 1952.

238. Divine R.A. *American Immigration Policy, 1924-1952*. New Haven, 1957.

239. Drachsler J. *Democracy and Assimilation: The Blending of Immigration Heritages in America*. New York, 1920.

240. Drachsler J. *Intermarriage in New York City: A Statistical Study of the Amalgamation of European Peoples*. New York, 1921.

241. Emergency Migration of Escapees, Expellees, and Refugees. Hearings before the Subcommittee

of the 83rd Congress. First Session on May 26, 27, 28, and July 1, 1953. Washington, 1953.

242. Eubank N. *The Russian in America.* Minneapolis, Minnesota, 1973.

243. Feuerwerker A. *The Chinese Economy, 1912-1949.* Ann-Harbor, 1968.

244. Gellner E. *Thought and Change.* Chicago, 1964.

245. Gerber S. N. Russkoye Selo. *The Ethnography of a Russian-American Community.* New York, 1985.

246. Glenny M., Stone N. *The Other Russia: The Experience of Exile.* New York, 1991.

247. Gordon C., Rosenfield H. H. *Immigration Law and Procedure.* New York, 1959.

248. Green A. The Walter-McCarran Law. Police-State Terror Against Foreign Born American. New York, 1953.

249. Hardwick S. W. *Russian Refugee: Religion, Migration, and Settlement on the North American Pacific Rim.* The University of

Chicago Press. Chicago and London, 1993.

250. Heinrichs J. P. (ed.). *Russian Poetry and Literary Life in Harbin and Shanghai, 1930-1950: The Memoirs of Valery Pereleshin.* Amsterdam, 1987.

251. Historical Records Survey. A Directory of Churches and Religious Organizations in San Francisco, California, 1941. San Francisco: The Northern California Historical Records Survey, 1941.

252. Hutchinson E. P. *Immigrants and Their Children, 1850-1950.* New York, 1956.

253. Hutchinson E. P. *Legislative History of American Immigration Policy, 1798-1965.* University of Pennsylvania Press. Philadelphia, 1981.

254. Immigration and Nationality Laws and Regulations. As of March 1, 1944. Washington, 1944.

255. Immigration and Population Policy. National Committee on Immigration Policy. New York,

1947.

256. International Refugee Organization. Report of the Director General to the General Council of The International Refugee Organization. 1 July, 1948 -30 June, 1949. IRO. Palais Wilson. Geneva, Switzerland.

257. Jenks A. Assimilation in the Philippines as Interpreted in Terms of Assimilation in America // Publications of the American Sociological Society, 1913, № 8. PP. 37–48.

258. Johnson B. *Russian American Social Mobility: An Analysis of the Achievment Syndrome.* Saratoga, 1981.

259. Johnston R. *New Mecca, New Babylon: Paris and the Russian Exiles, 1920-1945.* Kingston, Montreal, 1988.

260. Jones M. A. *American Immigration.* Chicago, 1960.

261. Kansas S. Immigration and Nationality Act. And Annotated with Rules and Regulations. New York, 1953.

262. Kansas S. *U.S. Immigration: Exclusion and Deportation, and Citizenship of the United States of America*. Albany, 1948.

263. Konvitz M. R. *Civil Right in Immigration*. Ithaca, 1953.

264. L'emigration russe. Revues. 1920-1980. Paris, 1980.

265. Magocsi P. R. *The Russian Americans*. New York–Philadelphia, 1989.

266. Maxwell R. Post-graduate Work on *Russian Immigrants from the Far East to San Francisco, 1921-1923*. Berkeley, 1972.

267. Mayo-Smith R. Assimilation of Nationalities in the United States // *Political Science Quarterly*, 1894, № 9. PP. 426–444, 649–670.

268. Naturalization Law. Compiled by G. Gallaway. Washington, 1968.

269. Pal J. *Shanghai Saga*. London, 1963.

270. Park R., Burgess E. *Introduction to the Science of Sociology*. Chicago–London, 1969.

271. Report of the Select Commission on Western

Hemisphere Immigration. January 1968. Washington, 1968.

272. *Russian Canadians: Their Past and Present.* Ed. by T. F. Jeletzky. Ottawa, 1983.

273. Russian Daily Press in China. By R. Lowenthal. Reprinted from *The Chinese Social and Political Science Review.* Vol. XXI. №.3. PP. 330–340. October-December, 1937. Peking, China.

274. Russian Literature in Emigration. Pittsburg, 1972.

275. Russian Orthodox Church Abroad. 1918-1968. New York, 1968.

276. Saroyan W., Vinson P. *Hilltop Russians in San Francisco.* Stanford (California), 1941.

277. Schwartz A. P. *The Open Society.* New York, 1968.

278. Simons S. Social Assimilation // *American Journal of Sociology,* 1900-1901, № 6. PP. 790–822.

279. Simpson J. H. *The Refugee Problem: Report of*

a Survey. London–New York–Toronto, 1939.

280. Sokoloff L. *The Russians in Los Angeles*. Los Angeles, 1918.

281. Stanley M. *Foreigners in Areas of China under Communist Jurisdiction before 1949: Biographical Notes and a Comprehensive Bibliography*. Reference Series, Number Three. The Center for East Asia Studies, the University of Kansas, 1987.

282. Statistical Abstract of the United States. Washington, 1973.

283. Sun Kungtu C. *The Economic Development of Manchuria in the First Half of the XX Century*. Cambridge (Mass.), 1969.

284. Sussex R. *The Slavic Languages in Emigre Communities*. Edmonton, 1982.

285. Svanberg J. The Russians in China // *Multiethnic Studies in Uppsala*. Essays presented in Honour of Sven Gustavsson, June 1, 1988. Uppsala University, 1988. P. 100.

286. The Annals of the American Academy of

Political and Social Sciences. Special issues.

287. The Canadian Slavonic Papers.

288. The Problem of the Displaced Persons. Report of the Survey Committee on Displaced Persons of the American Council of Voluntary Agencies for Foreign Service. June, 1946.

289. *The San Francisco Chronicle*, 1948-1951.

290. Tripp M. W. Russian Routes: Origins and Development of the Ethnic Community in San-Francisco. San-Francisco, California, 1980. M. A. Thesis, Berkeley, UCB, 1980.

291. United Nations Relief and Rehabilitation Administration. The Central Committee of the Council. Documents of the Special Subcommittee on Resolution 71. Minutes of the Second Meeting. New York, 1946.

292. United States Congress 79th Session 2. 1946. Washington, 1946.

293. United States Congress 82nd Session 2. 1952. Washington, 1953.

294. United States Department of State. Some

aspects of the displaced persons problem. April 7, 1948.

295. United States President Commission on Immigration and Naturalisation, Report "Whom shall we welcome?", President's veto message. Washington, 1953.

296. United States. National Archives and Records Administration. Records of the Shanghai Municipal Police 1894-1949. Washington, DC: National Archives Trust Fund Board, National Archives and Records Administration, 1993.

297. Vasilieff P. P. *Russians in California. Slavs in California. An Historical, Social and Economic Survey of Slavic Progress in California since Their Arrival.* Oakland (California), 1937.

298. Vladimirov P. *The Vladimirov Diaries: Yenan, China, 1942-1945.* Doubleday and Company, Inc. Garden City, New York, 1975.

299. Wasserman J. *Immigration Law and Practice.*

Philadelphia, 1961.

300. Wilbur C. M., How Lien-ying J. *Missionaries of Revolution. Soviet Advisers and Nationalist China, 1920-1927*. Harvard University Press. Cambridge, Massachusetts and London, 1989.

301. Williams R.C. *Culture in Exile—Russian Emigres in Germany, 1881-1941*. Ithaca-London, 1972.

302. Wolff D. *To the Harbin Station: The Liberal Alternative in Russian Manchuria, 1898-1914*. Stanford: Stanford University Press, 1999.

303. Yakobson H. *Crossing Borders: From Revolutionary Russia to China to America*. Memoirs. Hermitage Publishers, 1994.

304. 陈晖. 中国铁路问题. 生活·读书·新知三联书店, 1955.

305. [俄]戈利岑 B. B. 中东铁路护路队参加 1900 年满洲事件纪略. 商务印书馆, 1984.

306. 李延龄. 中国俄罗斯侨民文学丛书. 北方文艺出版社, 2002.

307. 内务部确立向俄侨发放护照的新程序. 丹报.
1920年10月17日. 第10页.

308. 汪之成. 上海俄侨史. 上海三联书店, 1993.

309. 在华俄侨问题. 丹报. 1920年9月24日. 第6页.